驾校经营导航（第二版）

JIAXIAO JINGYING DAOHANG

范 立 金兴民 顾燏鲁 谷祖波 编著

适用于：驾校经营者
驾校管理人员

人民交通出版社
China Communications Press

内 容 提 要

本书根据我国驾校的实际需要，总结驾校发展的经验，从完善驾校管理体系、规范驾校经营和提高驾校培训质量入手进行编写。全书由驾校的发展及展望、驾校校长的职责、驾校建设规划、驾校的制度化管理、驾校安全管理与教育、驾校教练员管理、驾校学员管理、驾校财务管理、驾校教学与组织、驾校的质量信誉管理、驾校文化十一个部分组成。

本书可供驾校校长、驾校各级行政管理人员使用，也可供机动车驾驶培训管理人员学习参考。

图书在版编目（CIP）数据

驾校经营导航 / 范立编著. —2版. —北京：人民交通出版社, 2013.12

ISBN 978-7-114-11033-7

Ⅰ. ①驾　Ⅱ. ①范　Ⅲ. ①汽车驾驶员－培训－学校管理－中国　Ⅳ. ①U471.3

中国版本图书馆CIP数据核字(2013)第282204号

书　　名：驾校经营导航（第二版）
著 作 者：范　立　金兴民　顾燏鲁　谷祖波
责任编辑：智景安
插图绘制：周　亮
设计制作：文思莱
出版发行：人民交通出版社
地　　址：(100011)北京市朝阳区安定门外外馆斜街3号
网　　址：http://www.ccpress.com.cn
销售电话：(010)59757973
总 经 销：人民交通出版社发行部
经　　销：各地新华书店
印　　刷：北京缤索印刷有限公司
开　　本：787×980　1/16
印　　张：12
字　　数：248千
版　　次：2014年3月　第2版
印　　次：2014年10月　第2次印刷
书　　号：ISBN 978-7-114-11033-7
定　　价：48.00元
(有印刷、装订质量问题的图书由本社负责调换)

前　言

随着汽车工业的迅速发展和人民群众生活水平的不断提高，我国机动车保有量呈快速增长趋势，驾培行业发展迅猛，驾校数量不断增长，规模不断扩大，教练车不断增加，驾驶员培训量也相应大幅增长。截至2012年年底，全国驾驶员培训业户10347家，教练车总数37.7万辆，教练员43.9万人，年培训人次合计约2000万人。社会公众和新闻媒体对驾驶员培训行业的期望值、关注度也越来越高。

我国的驾校是为社会公众有偿提供驾驶培训服务活动的机构，具有教学和经营两种职能，是集教育和经营为一体的新兴行业。驾校的科学化、系统化、职业化、规范化管理，对驾校经营和发展起着至关重要的作用。但我国目前在驾校经营方面，还没有一个完整的理论体系，部分驾校服务意识淡薄、经营管理粗放、教学设施设备不健全、教学方法不科学、培训过程不规范、培训效果不理想，驾校向更高层次发展的愿景普遍模糊，经营高于教育、效益大于责任、利益大于服务的现象普遍存在，这些问题制约了机动车驾驶培训行业的健康有序发展。

驾校在社会责任、经营理念、管理能力、教学质量、服务水平、文化建设等方面，亟需新的理念和更高标准作指导。为了帮助驾校形成科学的管理和经营理念，规范驾校的建设和管理，提高驾校的社会地位和经济效益，加快推动驾校规模化、集约化发展进程，我们在总结我国驾校发展的历史和经验的基础上，结合先进国家的驾校管理理念，编写了《驾校经营导航》一书。书中从驾校的发展及展望、驾校校长的职责、驾校建设规划、驾校的制度化管理、驾校安全管理与教育、驾校教练员管理、驾校学员管理、驾校财务管理、驾校教学与组织、驾校的质量信誉管理、驾校文化十一个方面系统梳理了驾校经营管理知识，帮助广大驾校经营管理人员更新理念、开阔视野，系统学习知识，提高管理水平，让驾校真正成为“培养安全、文明合格驾驶员的摇篮”。

参加本书编写的有中国道路运输协会驾驶员工作委员会范立，山东交通职业学院魏伟，山东交通学院金兴民、谷祖波，人民交通出版社顾牖鲁，中国交通运输协会培训中心刘志国，山西省交通运输管理局郭钰，天津交通职业学院梁来增、郭淑琴，济南交通高级技工学校杨钢军。

我们真诚地希望本书能为驾校的经营和发展起到导航作用。

作　者

2013年9月5日

目 录

人无远虑　必有近忧

驾校的发展及展望

随着汽车工业的发展和人们生活水平的不断提高，汽车已进入我们的生活，成为很多家庭的代步工具，驾驶汽车也将逐渐成为一项必备的生活技能。未来中国汽车消费市场发展的潜力很大。近两年，为了应对国际金融危机、确保经济平稳较快增长，国家相继出台了一系列促进汽车、摩托车消费的政策，有效刺激了消费市场，机动车保有量呈快速增长趋势，机动车驾驶员的数量也相应大幅增长。由于国家相关产业政策的拉动效果显现，机动车保有量继续保持迅猛增长势头，驾驶员也同比例大幅度增长。从目前了解的情况看，全国都出现了学费增加、驾校学员饱和的现象，学习汽车驾驶的人将会不断增多，且源源不断。社会需求的增加，将会推动驾校不断发展。

古语云“人无远虑，必有近忧。”驾校的发展要总结过去，展望未来，为满足社会公众日益增长的生产和生活需求做出积极贡献。我国驾校的发展并不平衡，有的驾校迅速发展并做强做大；有的驾校培训质量低下，违规经营时有发生，成为“马路杀手”的培训地。现实中一个流行的说法：“成功的驾校都是一样的，不行（幸）的驾校各有各的不行。”而成功的驾校之所以能成功，就是在不断总结中汲取先进理念，用发展的眼光看问题，从而找到适合自身发展的路径。

1 我国驾校的发展过程

我国的驾驶员培训，是一个既传统又现代的行业，是随着我国经济社会和汽车工业的发展而发展的。从初期的“拜师学艺”开始，历经职业驾驶员培训、驾驶培训市场的萌芽、驾驶培训市场的动荡，直到目前驾驶培训市场的社会化，走过了近60年的历程。

我国的机动车驾驶员培训经历了四个时期：第一时期是1988年以前，由交通主管部门（车辆监理所）负责驾驶员管理与考试，驾驶员主要是从事专业服务和运输，主要靠技工学校驾驶专业、部队复员转业军人、运输企业以师带徒。第二时期是1988年至1993年，划归公安交警部门负责管理和考试，驾驶员主要来源是公安交警部门自己举办的驾驶培训班、委托专业运输企业开办的培训班和技工学校驾驶专业开办的培训班。第三时

期是1993年至2004年，交通部门负责驾培行业管理，公安部门负责驾驶证考试、发放工作，驾驶员的来源有公安交警部门办的驾校、公安交警部门认可的社会驾校、各类大专院校办的培训班、原有的培训班等，这是我国驾驶员培训行业最为混乱的时期，驾驶培训班无规律增长。第四个时期是2004年以后，实现真正意义上的考培分离，交通管理部门和公安机关考试部门逐渐开始协调、配合，培训与考试制度逐渐完善，驾校开始有序发展，驾培市场逐渐规范，驾驶员培训工作走向社会化、市场化道路。

2004年后，交通管理部门与公安考试部门通力合作

1993年11月10日，《关于研究道路交通管理分工和地方交通公安机构干警评授警衔问题的会议纪要》（国务院国阅[1993]204号），明确了交通部门负责驾培行业管理、公安部门负责驾驶证考试、发放工作。1994年12月7日，为贯彻落实国务院国阅[1993]204号文件，交通部、公安部联合下发交体法发[1994]1242号文件。在1994年和1998年的两次机构改革中，国务院明确规定由交通部门负责驾培行业管理工作。相关部门下发的一系列文件，由于历史的原因，一直没有真正落到实处，培训与考试职责没有理清，造成驾驶员培训管理混乱、市场无序，影响了整个行业的发展。

2004年4月30日，公安部、国家发展和改革委员会、交通部、农业部、国家安全生产监督管理局共同发布《预防道路交通事故“五整顿”“三加强”实施意见》（以下简称“意见”），要求地方政府要落实特大道路交通事故检查制度，交通、公安部门建立驾驶员培训和考试环节的衔接机制，加强监督制约，并对驾校进行清理整顿。《意见》具体要求如下：

（1）交通部门应当核实驾校培训记录、教练员签名和驾校准考意见等。学员在申请考试时，需提供该驾校的培训记录，存入驾驶员档案。

（2）公安部门定期对驾驶员考试情况进行分析，对驾校培训质量进行评价。对驾校培训中存在严重质量问题以及发现弄虚作假、买卖驾驶证等问题的，建议交通部门对驾校进行整顿，对有关责任人进行处理。

（3）公安部门应定期向交通部门通报驾校的考试合格率以及驾龄在3年以内驾驶员的交通事故、违章情况。交通部门要据此设立驾校培训质量排行榜，并定期向社会公布。对一年内连续两次排名最后的驾校，应进行整顿，并通报公安部门暂停受理考试。驾校也要根据学员对教练员教学水平的评议和培

训驾驶员过程中的事故、违章情况，设立教练员培训质量排行榜。

（4）制定全国统一的驾校准入条件和等级划分标准，对符合培训资格的驾校，颁发《机动车驾驶员培训许可证》。对没有交通部门授予培训资格的驾校，公安部门不予受理考试。

（5）制定教练员资格标准，严把教练员从业资格关。对符合条件的，由省级交通部门颁发机动车驾驶培训教练员证件，并向公安部门备案。对不符合条件的，坚决清理出教练员队伍。

（6）制定颁布全国统一的教学大纲，加强驾校教学管理，督促驾校严格落实教学培训要求。

（7）调整驾校培训内容，改进培训方法，在培训中增加交通安全教育内容。通过播放事故现场录像、发放宣传手册、交通警察讲课、请肇事驾驶员谈体会等方法，提高学员的安全意识。同时，要调整培训课程，增加实际道路驾驶培训。

（8）交通部门对驾校培训情况开展定期检查和不定期抽查。对存在不按规定学时、内容进行培训，降低培训标准，以及教练员教学质量低等问题的驾校，要进行整顿。整顿期间，公安部门暂停受理考试申请。

（9）交通部门等行政管理部门不得举办或者参与举办驾校。

这些要求明确了部门之间的分工，再一次强调了交通部门和公安部门各自的分工、工作内容和职责。

2004年5月1日起施行的《中华人民共和国道路交通安全法》（以下简称《道路交通安全法》）规定："机动车的驾驶培训实行社会化，由交通主管部门对驾驶培训学校、驾驶培训班实行资格管理，其中专门的拖拉机驾驶培训学校、驾驶培训班由农业（农业机械）主管部门实行资格管理。驾驶培训学校、驾驶培训班应当严格按照国家有关规定，对学员进行道路交通安全法律、法规、驾驶技能的培训，确保培训质量。任何国家机关以及驾驶培训和考试主管部门不得举办或者参与举办驾驶培训学校、驾驶培训班。"同年5月1日起施行的《中华人民共和国道路交通安全法实施条例》规定："学习机动车驾驶，应当先学习道路交通安全法律、法规和相关知识，考试合格后，再学习机动车驾驶技能。在道路上学习驾驶，应当按照公安机关交通管理部门指定的路线、时间进行。在道路上学习机动车驾驶技能应当使用教练车，在教练员随车指导下进行，与教学无关的人员不得乘坐教练车。学员在学习驾驶中有道路交通安全违法行为或者造成交通事故的，由教练员承担责任。"这就确定了机动车驾驶员培训的发展方向和驾校资格管理部门的法定地位，进一步明确了机动车驾驶培训的内容、要求和责任主体。

2004年7月1日起施行的《中华人民共和国道路运输条例》规定，申请从事机动车驾驶员培训的，应当有健全的培训机构和管理制度，有与培训业务相适应的教学人员、

管理人员，有必要的教学车辆和其他教学设施、设备、场地。机动车驾驶员培训机构应当按照国务院交通主管部门规定的教学大纲进行培训，确保培训质量。同年7月6日公安部、交通部、农业部发布《机动车驾驶员队伍整顿工作实施方案》，进一步明确了驾驶培训在我国经济发展、道路交通安全中的地位和作用，并提出相应的整顿和规范措施。从事机动车驾驶员培训业务，应当依法经营，诚实信用，公平竞争。规定驾龄在3年以下的驾驶员发生交通死亡事故的，要对培训、考试和发证情况进行责任倒查。

2004年12月31日交通部发布了我国第一个驾驶培训素质教育大纲《中华人民共和国机动车驾驶培训教学大纲》，要求通过该大纲规定内容的培训，使学员养成良好的驾驶道德和安全意识，能够独立、安全地驾驶机动车，达到预防和减少交通事故、保护人身和财产安全、提高通行效率的目的。从此，机动车驾驶培训真正实行了社会化，由交通主管部门对驾驶培训学校、驾驶培训班实行资格管理，公安机关交通管理部门负责机动车驾驶员的考试和发证工作，实行考培分离，驾驶员培训走向市场化道路。

为规范机动车驾驶员培训经营活动，维护机动车驾驶员培训市场秩序，保护各方当事人的合法权益，2006年1月12日交通部发布了《机动车驾驶员培训管理规定》，于2006年4月1日起施行。另外，交通部还相继发布了《机动车驾驶培训机构资格条件》（JT/T 433—2004）、《机动车教练场技术要求》(JT/T 434—2000)、《汽车技术等级评定标准》(JT/T 198）等标准。

2012年1月29日公安部、交通运输部下发了《关于进一步加强客货运驾驶员安全管理工作的意见》，要求强化培训和考试质量监督。道路运输管理机构要督促驾驶培训机构严格落实驾驶员培训教学大纲，加强对驾驶培训教练员的管理，积极推进规范化教学。公安交管部门要对驾驶培训机构的教练员、教练车、训练场地等情况进行备案，并联合道路运输管理机构根据驾驶员培训教学大纲的要求，核定其培训能力，确定受理考试人数，并向社会公布。公安交管部门要严格执行驾驶员考试项目和评判标准，推广应用科技评判和监控手段，加强异常业务核查，加大驾驶员考试工作监管力度。道路运管机构、公安交管部门应当定期对驾驶培训机构的培训质量、考试合格率、诚信经营等进行分析、排名，向社会公布。

2012年7月22日，国务院在下发的《关于加强道路交通安全工作的意见》中，要求加强和改进驾驶员培训考试工作，进一步完善机动车驾驶员培训大纲和考试标准，严格考试程序，推广应用科技评判和监控手段，强化驾驶员安全、法制、文明意识和实际道路驾驶技能考试。客、货车辆驾驶员培训考试要增加复杂路况、恶劣天气、突发情况应对处置技能的内容，大中型客、货车辆驾驶员增加夜间驾驶考试。将大客车驾驶员的培养纳入国家职业教育体系，努力解决高素质客运驾驶员短缺问题。实行交通事故驾驶员培训质量、考试发证责任倒查制度。严格驾驶员培训机构监管。加强驾驶员培训市场调控，提高驾驶员培训机构准入门槛，按照培训能力核定其招生数量，严格教练员资格管理。加强驾驶员培训质量监督，全面推广应用计算机计时培训管理系统，督促落实培训

教学大纲和学时。定期向社会公开驾驶员培训机构的培训质量、考试合格率以及毕业学员的交通违法率和肇事率等，并作为其资质审核的重要参考。

2012年12月27日，交通运输部、公安部联合发布了《机动车驾驶培训教学与考试大纲》(以下简称《大纲》)。要求各地交通运输、公安部门要加强对机动车驾驶培训与考试工作的领导和协调，按照法定职责，各司其职，密切配合，完善和细化相关措施，建立长效工作机制，切实保证将《大纲》的要求落到实处。各地要组织管理人员、教练员、考试员学习《大纲》的内容和要求，并纳入教练员、考试员资格考试，确保教练员、考试员人人熟知《大纲》，提高驾驶培训教练员和考试员的水平。交通运输部门要督促驾驶培训机构按照《大纲》调整培训教学计划，确保按照《大纲》要求教学。公安部门要对驾驶培训机构教练员、教练车、训练场地等情况进行备案，并联合交通运输部门根据《大纲》要求核定其培训能力，确定受理考试人数，并向社会公布。

近年来，各级道路运输管理部门和驾驶员培训机构，围绕实施驾驶员素质教育工程，深入贯彻落实驾驶员培训管理工作有关规定，驾驶员培训市场秩序进一步规范，培训质量、监管能力和服务水平进一步提升，驾驶员培训工作取得阶段性成效。但是，随着机动车社会化程度加深、道路交通安全形势的变化，驾驶员培训行业出现诸多新情况、新问题，社会公众和新闻媒体的期望值、关注度也越来越高。

2 我国道路交通安全形势

我国机动车增长幅度过快，造成了道路交通流量较快增长，道路压力过大，城市道路承受能力超负荷，道路交通问题日益突出。据最新统计，全国机动车保有量已达到2.4亿辆，机动车驾驶员已接近2.6亿。

近几年来，我国道路交通事故虽然处于下降趋势，但由于对道路参与者的安全教育缺失，导致道路交通参与者安全意识、法治意识不强，驾驶员整体素质不高，道路上的交通违法现象、无德行为较为普遍，群死群伤的重特大事故高发不下。2012年，全国共发生道路交通事故204196起，造成59997人死亡、224327人受伤，直接财产损失11.7亿元。给国家和人民群众的生命、财产带来严重损害，道路交通安全形势仍十分严峻。1993年至2012年我国发生的道路交通事故统计见表1。

1993～2012年我国发生道路交通事故统计　表1

年份	事故次数	死亡人数	受伤人数	损失（万元）
1993	242343	63508	142251	94900
1994	253537	66362	148817	133400
1995	271843	71494	159308	152300
1996	287685	73655	174447	171800
1997	304217	73861	190128	184600
1998	346129	78067	222721	193000
1999	412860	83529	286080	212400
2000	616971	93853	418721	266900
2001	760327	106367	546499	308800
2002	773137	109381	562074	332700
2003	667507	104372	494174	337000
2004	567753	99217	451810	277000
2005	450254	98738	469911	188000
2006	378781	89455	431139	148956
2007	327209	81649	380442	119879
2008	265204	73484	304919	100972
2009	238351	67759	275125	91000
2010	219521	65225	254075	93000
2011	210812	62387	237421	107873
2012	204196	59997	224327	117489

造成道路交通事故的原因涉及人、车、路、环境、管理等诸多因素，其中，驾驶员的因素是引发道路交通事故的主要原因。在已发生的道路交通事故中，机动车驾驶员违法行为导致的交通肇事占事故总数90%以上，造成的死亡人数占事故死亡总人数91%以上。在道路交通事故中，因超速行驶、未按规定让行、逆行、违法占道行驶、违法会车、酒后驾驶、违法超车、疲劳驾驶等违法行为造成死亡的，占死亡总数的91.4%，其他因素所造成的死亡率仅占8.6%。驾驶员违法和无德驾驶行为，在相当长的时期内仍将是造成道路拥堵和导致交通事故的主要原因。

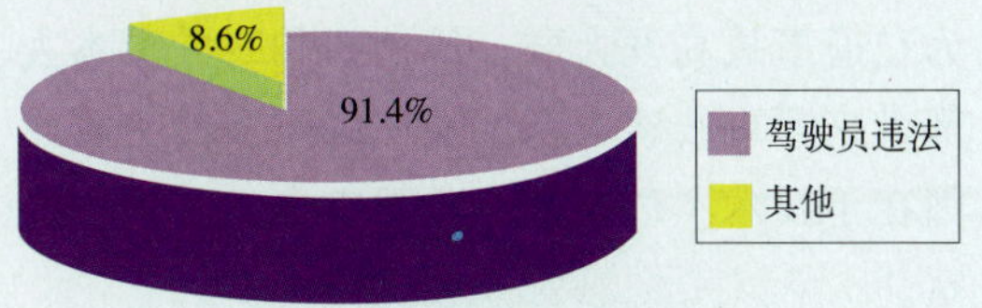

道路交通事故成因构成

目前，由于驾驶员法制意识淡薄，安全意识差，行车经验不足，安全知识贫乏，使得道路上无德、违法驾驶现象较为普遍。超速行驶、疲劳驾驶、客车超员等违法行为严重，机械故障导致事故增多，引发道路交通秩序混乱、交通拥堵、交通事故频繁发生。出行难，行路难，困扰着人们生活和出行，严重地影响了道路交通的安全和畅通，同时也降低了人们的生活质量。常见驾驶员违法行为有：超速行驶、闯红灯、酒驾、超载超员、疲劳驾驶、违章停车、驾车不系安全带、驾车接听或拨打手持电话、变道或超车不开转向灯、人行横道线前不让行、遮挡

号牌、低速在高速公路行车道行驶、穿拖鞋或高跟鞋驾驶车辆、夜间会车不关闭远光灯等。

2012年公安部交管局最新统计显示，驾龄在3年以内的新驾驶员肇事55692起，占同期事故总数的35.2%，肇事人员死亡14464人，占同期死亡人数的31.8%。新驾驶员成为交通事故高发人群，给社会和驾驶员本人都带来严重威胁。新驾驶员肇事多的主要原因在于技术不过硬、经验不丰富、心理不稳定。

造成驾驶员法制意识淡薄、安全意识差的主要原因，是缺乏从源头上对驾驶员的安全、文明和道德教育。目前我国驾驶员培训，仍然停留在以师带徒，单纯应付考试的阶段。驾校单纯追求经济效益，把考试通过率作为唯一的目标，更多地注重的是对考试技巧的培养，而忽视了对学员交通安全意识和整体交通观念的教育。培养出的驾驶员大多数都不具备单独驾驶的能力，安全意识和交通道德匮乏，相当部分是“二把刀”、“马路杀手”。这足以说明驾校培训对驾驶员的驾驶技能和安全意识养成，起着举足轻重的作用，驾驶员的源头教育事关重大。

因此，在道路交通安全这一系统工程里，驾驶员是道路交通安全管理的基础和源头，是道路交通安全的第一道防线，是道路交通安全的最重要影响因素。严格驾驶员培训制度，树立安全第一、珍爱生命的教育理念，培养驾驶员安全意识、规范驾驶和文明行车，普及安全知识，在掌握驾驶技能的同时，加强其交通道德意识、交通法制意识和交通安全意识，是机动车驾驶员培训的首要任务，也是迫切需要加强的最薄弱环节。

3 我国驾校的基本状况

驾校作为为社会公众有偿提供机动车驾驶培训服务活动的经济实体（企业），不仅要具有独立企业法人资格，而且还要有车辆、场地、设施、设备等，还要有符合条件（从业资格）的教练员、管理人员等。驾校作为一个经济实体既有一般企业属性，还有与一般企业不同的特殊性。一要通过依法纳税回馈社会；二要回报投资者，对投资者回

报利润；三要回报员工，为员工创造发展空间，提升员工的价值，提高工作生活质量。另外，驾校还要承担更多的社会责任、法律和道德责任。

随着我国国民经济的迅速发展和人民生活水平的日益提高，驾驶员需求迅猛增长，驾驶员培训总体上供不应求，严重制约着驾培市场的发展。由于历史原因，驾培市场结构不合理，缺乏统一规划和科学布局，驾校设置随意性较大，分布不均匀，结构不合理，资源浪费大。驾校的人、财、物没有有机地统一起来，内部管理松散，机构不够精简，不同程度地存在着人浮于事现象，甚至背负着沉重的包袱，严重制约着驾校自身发展。与此同时，少数驾校为了完成营收任务或提高收入水平，不从完善管理体制考虑，而是摒弃其社会职责，不顾教学质量不恰当地降低教学成本，以牺牲社会效益换取短期经济效益。

目前，我国驾校的培训存在着教学方法陈旧、效率低、油耗量大、训练周期长、培训质量低等现象。《中华人民共和国道路交通安全法》第二十条明文规定："驾驶培训学校、驾驶培训班应当严格按照国家有关规定，对学员进行道路交通安全法律、法规、驾驶技能的培训，确保培训质量。"《中华人民共和国道路交通安全法实施条例》第二十条规定：" 学习机动车驾驶，应当先学习道路交通安全法律、法规和相关知识，考试合格后，再学习机动车驾驶技能。 "科目一的道路交通安全法律、法规和相关知识是驾驶员必备的理论知识。科目一是驾驶员安全驾驶的基础教学，会影响学员的后期学习和今后一生的驾驶理念，是整个驾驶培训的重中之重。而很多驾校为了单纯追求经济效益和考试通过率，放弃科目一的教学，让学员报名交费后自己背题库。驾校在科目二、科目三教学中根本就不对学员进行安全驾驶教学，只是训练尽快通过考试。驾校的理论教学、技能培训流于形式，不能按照法律、法规的要求完成教学和训练内容，培训质量不高，学员素质普遍较低，造成驾驶员技术不过硬、缺乏驾驶经验、适应能力差、安全意识缺失、法律意识淡薄、交通道德匮乏。

驾校为满足社会公众日益增长的生活需求做出了积极贡献。但驾校的发展并不平衡，一批驾校抓住机遇、跨越发展并迅速做强做大，成长为经营模式集约化、教练员队伍职业化、管理手段信息化、服务质量规范化的品牌驾校；另有一些驾校依然固守着"招一个学员、挣一份钱"的经营思路，不求技改，不求服务，不愿也无力再投资，不愿承担相应的社会责任，只是守在驾驶员培训市场边"守株待兔"，培训质量低下。还

有一些驾校欺骗招生、恶意压价竞争、诚信缺失、任意压缩学时、缩减培训内容和培训时间，教练员收红包、索要财物等违法经营行为时有发生，严重扰乱了驾驶员培训市场。

4 驾校培训质量对道路运输行业发展的影响

道路运输驾驶员作为道路交通运输的主体,需要有坚实的理论和实际操作基础，具备安全意识和良好的职业道德，有较强的社会责任感。目前我国的道路运输驾驶员存在着素质不高、文化程度偏低、安全意识差、职业道德缺失等问题，处于分散经营、自由涣散的状态。从群死群伤的道路交通事故分析来看，大多数都是由于从事运输的驾驶员素质不高，法律意识淡薄，安全意识缺失，违法驾驶车辆造成的。

随着我国经济的快速发展，道路运输生产规模不断扩大，道路运输不断向规模化、集约化发展，运输行业需要大批有社会责任、有文化、有纪律、有抱负，具有一定理论知识和安全意识的专业运输驾驶员。驾校培养的驾驶员有很大一部分将会从事专业运输，驾校的前期教育，对驾驶员社会责任感与安全意识培养、驾驶习惯养成和道德行为影响很大。驾校培训起步阶段的教育会潜移默化地影响驾驶员一生，必将会影响到道路运输业的发展。

5 驾校的责任和使命

驾校，字面意思是驾驶学校，就是让学员掌握机动车驾驶技术，教会学员安全驾驶、文明行车，培养学员的安全意识和交通道德，协助学员通过公安机关交通管理部门的考试并取得驾驶证的培训单位。但从某种意义上讲，驾校的培训、教学和管理理念、关系着一个驾驶员的驾车品行、素质，影响着驾驶员的一生。驾校是培养驾驶员的摇篮，是驾驶员安全意识、驾驶道德和文明行为养成的启蒙学校，是培养驾驶员的源头，是道路交通安全的第一道防线。驾校培训教育，对于驾驶员道德、意识、行为、习惯的养成，起着关键性的作用。

虽然我们已经远离战乱，但交通事故死亡率却与一场惨烈的战争相差无几，没有硝烟的“战争”还在继续。到目前为止，每年的道路交通事故造成的伤亡人数，还是让人们感到震撼。一个最根本的原因，是驾校没有履行安全教育职责，不重视安全意识的培养，理论学习阶段不按教学大纲进行培训，技能训练与安全教育脱节，造成了驾驶员的整体素质不高，法律意识淡薄，安全知识缺乏，违法行为到处可见，无德驾车现象严重。

驾校作为为社会公众有偿提供驾驶培训服务的机构，其使命决定着驾校的声誉和命运。要让驾驶员从开始学驾车就懂得，人们在享受到汽车时代带来的舒适和便捷的同时，必须时刻牢记交通事故可能无情地吞噬无辜的生命。

生命无价，对自己和他人生命的尊重和珍爱，是文明行车的核心价值观。而在车辆驾驶中任何一点的粗心大意或侥幸心理，都可能带来意想不到的生命财产损失，给自己和他人留下终身的痛苦和遗憾。

驾校不仅要培训赏的驾驶技能、传授相关的安全知识，更重要的是培养学员良好的驾驶道德，使学员养成安全、文明的驾驶意识，学会预测险情，提高驾驶应变能力。驾驶员需要从驾校阶段就树立良好的驾驶道德观念，不仅要熟练掌握驾驶技能，还要掌握相关安全知识，养成安全驾驶意识。

因此，驾校要以“方便学员、规范服务、保证质量、合理回报”为办学宗旨，推行素质教育工程，强化安全意识教育，严格按照《机动车驾驶培训教学与考试大纲》进行培训，担负起“培养安全、文明、合格的驾驶员”的社会使命。为努力创建和谐、安全、有序、畅通的道路交通环境，向社会输送具有社会责任感与安全文明意识，具备熟练驾驶技能，能够独立安全驾驶机动车、懂得如何文明行车的合格机动车驾驶员。

6 驾校的发展思路

面对驾培市场的激烈竞争,凡是做强做大的驾校都有强烈的创新意识（也可称为持续改进意识），因为每一次创新都给自己带来新的机遇，创新已成为驾校快速发展的捷径。创新就是创造出了新的价值，即用最少的资源创造出了最高的价值、取得更好的收益。

解放思想，开拓创新，“跳出驾校看驾校”。要克服自满保守、狭隘封闭的思想观念，做到知己知彼，认清自身的优势劣势，查找差距，勇于打破陈旧的条条框框。既能认真总结经验教训，又善于找准突出问题，善于虚心学习别人的先进经验，借助外部力量和外部经验发展自己。避免从“本本”出发和闭门造车、“拍脑袋”等想当然

的做法，从实际出发，敢于正视现实，注重实效，把那些看上去“很难办”甚至“办不成”的好事变为现实，从而少走弯路、少交“学费”。

创新培训理念、改革培训方法，节约资源，提高培训效率，实现“素质教育”和“应试教育”有机结合。以“案例和情景教学”为手段，建立印象思维模式，提高培训质量。驾驶培训理念的创新，促进了培训方法和教学研究能力创新，如在教学研究和培训的过程中，不断总结教学经验，完善教学方法，在目前“合同制学车”、“一人一车一教练”、“双休班”、“白领班”等“个性化学驾”和“人性化”驾驶培训服务的基础上，创新出更多的、更能体现“以人为本”、“与人为善”的安全驾驶培训新方法和新理念。从而改变当前社会学习驾驶的心理误区，促进驾驶培训从“应试教育”向“素质教育”转变，为驾校赢得更大的发展空间。

进行制度和管理手段创新，提高绩效、降低成本。在制度创新方面，最主要的是激励机制创新，如学员自选教练员，不断完善绩效考核；监管创新，如根据教练员工作流动性大的特点，对场地训练、道路训练进行不间断的巡查工作。在管理手段创新方面，充分利用信息化管理手段尤为重要。首先要建立驾驶培训管理操作系统，通过系统建立完善的教练员、教练车、学员档案，查询学员的基本信息、学员的学习进度、学员的预约要求等；其次要建立驾校网站，通过网络开展训练预约、报名登记、信息传送、教学交流，使学员随时了解驾校的状况；再者要建立短信平台，加强与学员的联系和沟通。学员进驾校后实行“一卡通”管理，保证理论

授课与实训时间，通过建立一套完整的驾培管理系统对各操作流程进行严格地控制，规范培训业务管理，提供强大的统计分析报表，再加上完善的内部管理功能，可极大地提高驾校综合管理水平和工作效率。

方便学员，维护学员的权益，给学员超出预期的服务，根据学员不同的文化层次、工作性质、培训需求和经济收入，多样性服务。分别开设双休班、普通班、老人班、重点班和暑假班，成立学员俱乐部，定期开设汽车技术讲座，为学员购买相应的意外险等，都是一种服务的创新。还可为学员提供方便的相关业务咨询、表扬与投诉、查询等各项服务，同时对已毕业的学员开展跟踪回访，充分利用这些人力资源为驾校做宣传，这是最为经济的广告手段，也是创立品牌驾校的捷径。

充分利用现代教学手段，对提高学员学习质量、减少燃油消耗、保护环境、降低培训成本、提高效率、缩短培训周期、减轻教练员工作强度和提高教学的安全性等，都有明显作用。

案例一：

驾校常用的不诚信收费名目

门道一：考前要收“提档费”，每人50～200元不等。驾校对此项收费的解释是：考试名额紧张，交钱可以“优先排位”。

门道二：“加班费”转嫁给学员，每人200～400元不等。由于考试出现的工作人员阶段性加班现象，考试部门会适时采取全天候延时考试的办法满足考生需要，驾校则向学员收取“加班费”。

门道三：借帮学员过关为名要收“协调费”，每人100～500元不等。教练员收取“协调费”，承诺过不了关就退款，事后却根本不退。

门道四：向补考学员索要“燃油费”，每人收费1000元左右不等。给补考学员加班练车，需交加油费。

案例二：

某驾校创新发展思路纪实

某驾校始创于1994年，秉承“强管理、抓质量、创品牌、树形象、促发展”的理念，不断地追求和探索驾校的发展方向，实现了管理信息化、教学规范化和服务人性化的工作目标。在15年不断发展的过程中，通过管理创新，建立科学考核体系，营造了规范、热情的学驾环境，铸造了诚信的社会形象，赢得了学员的信赖，已累计培训合格驾驶员12万人。近年来，先后接待了全国30多个省内外城市驾培行业管理部门和驾校来校交流，得到了驾校同行的认可，进一步拓展了驾校的发展思路。具体做法如下。

1. 培训方式创新

为了满足广大学员不断变化的学习驾驶需求，从2002年开始率先实行了全电脑预约计时训练，包括：电话预约、网上预约、服务大厅现场预约，每天可预约1～2学时。在每天7:00～19:00的训练时段内，开通了五条城区线路，使用豪华班车每两小时一班接送学员，极大方便了广大学员。为充分利用学员到校培训的时间，将单人训练和综合训练相结合，培训前期的26小时场地驾驶预约训练，实行单人单车单教练，进行一对一、面对面的指导。培训后期的8小时道路驾驶训练实行每车二人的考前综合训练，增加了学员之间相互学习和交流的机会，起到了取长补短的积极效果。

2. 激励机制创新

学员在预约计时培训时，除了自选时段外，教练员也由学员进行自选，服务态度好、教学能力强的教练员长期处于满工作状态，不仅受到驾校的表彰，而且得到了多方面的奖励，经济收入不断提高。因培训过程中存在问题而导致时常出现训练时段空缺的少数教练员，驾校进行诫勉谈话，本人提出整改措施，并从经济上进行考核。学员选择教练员制度的设定，形成了有效的激励机制，促进了学员、教练员和驾校三者之间的良性互动。

3. 延伸服务内涵

在进行预约计时训练的基础上，根据学员不同的文化层次、工作性质、培训需求和经济收入，增加了服务的多样性，分别开设双休班、普通班、老人班、重点班和暑假班，虽然给培训时间安排增加了不少困难，但为驾校适应市场、走向市场、开发市场和

持续发展提供了新的思路。

4. 提高教学研究能力

进一步提高教练员教学能力，做到因人施教，增设了教研室，组建了高素质的教研队伍，积极开展教学研究。首先，对每个阶段完成培训学时的学员进行测试，现场记录测试情况，研究测试过程中出现的问题，查找原因，提出改进意见，对结业测试合格的学员核发《结业证书》并安排考试。第二，对参加考试学员的合格率信息进行分析，对学员考核不合格项目所占的百分比以及对参与同一学员培训的所有教练员进行排队，召开全体教练员会议，提出整改意见，避免类似问题的重复出现。第三，通过开展教研工作，不断总结和完善教学方法。第四，教研室每季度制定不同的培训内容，开展教练员培训，不断提高教练员的教学水平和服务质量。

5. 实行动态监管

根据教练员工作流动性大的特点，为加强对教练员培训过程的监管力度，监察室工作由校长垂直领导，进一步增强了监察室工作的权威性。积极开展场地训练、道路训练教练员的职业道德、服务质量、教学行为的不间断巡查工作，对发现的问题第一时间进行现场纠正和处理，对培训的全过程实施动态监管。

6. 畅通信息交流渠道

一是在服务大厅设立值班校长一岗，增加了与每位学员面对面交流的机会，有利于及时妥善解决学员培训过程中的问题和矛盾；二是利用专设的服务热线为学员提供24小时自助预约、退约、查询、密码修改及相关业务咨询、表扬与投诉等各项服务，同时对已毕业的学员开展跟踪回访，使驾校能够及时掌握在管理、服务、培训等方面存在不足的信息；三是增加了学员对驾校培训工作的知情权和参与权，建立了行风监督员制度，按照每期学员人数的10%聘请学员和邀请社会各界人士担任驾校行风监督员，定期召开行风监督员会议，听取建议和意见，并切实改进，建立的行风监督网络，成为推动驾校完善管理的新举措。

7. 加强信息化建设

驾校自主研发的信息管理系统从规范管理、规范教学、规范培训为出发点，对驾校培训信息、教练员信息、教练车信息和档案信息等实行统一管理。根据不同的管理权限，掌握管理和培训的实时状况，实现了无纸化办公，提高了工作效率和工作质量。

讨论一：

驾校走向衰败原因分析

1. 唯利是图

盈利是办驾校的目的之一，利润最大化的目标无可厚非，但关键在于如何理解“利润最大化”。为了实现利润最大化的目标，许多驾校以金钱为目标，不顾社会责任和培训质量，违反法律法规，违背良心，无所不用其极。在具体做法上，一方面采取虚假宣传、低价招生、缩短培训学时和培训内容，采用报废教练车等手段；另一方面对培训设施的投入能少则少、能省则省，使用不符合条件（无从业资格）的教练员，降低和克扣教练员的工资待遇等。

2. 家长式管理

驾驶培训虽然走过了近60年的历程，但驾驶培训市场社会化的时间还比较短。多数驾校是近几年设立的，并以民营资本为主体。目前，多数驾校是家长式的管理模式，内部管理并不成熟，还处于自发的、原始的状态，主要是靠校长进行管理、治校。对驾校的发展凭感觉，管理的好坏完全取决于校长个人。员工来到驾校工作，用校长自己的话说就是“挣点钱养家糊口”，根本不让员工参与驾校管理和决策。但随着驾培市场的发展和竞争，一旦收费低于应培训项目的成本支出，马上会偷工减料降低成本，恶意降价招生，造成驾校经营的恶性循环，自毁前程。

3. 教练员素质低

多数驾校对招聘选拔的教练员是否经过必要的学习和培训并不重视，随意性比较大，这是造成教练员队伍素质不高，整体水平偏低，甚至个别教练员道德品质存在着问题的主要原因，直接影响着驾校的生存与发展。教练员素质问题主要表现为安全意识淡

薄，教学态度不端正，“吃拿卡要”的现象禁而不绝，个别驾校教练员对学员“性骚扰”的事在各地频见报端。

4. 追求应试教育

驾校是将“应试教育”演绎得最彻底的机构之一。驾校为了盈利，控制各项成本支出和学员练习时间，使培训学时缩水。不按法律、法规规定的内容进行培训，教学培训内容只针对考试而设立，把更多的时间花在如何考试过关上，几乎没有一个驾校能严格按规定课时进行培训。理论教学靠背题库，技能操作靠诀窍，实际操作靠口诀。就如一位驾校校长所说的：“如果按规定办事，驾校的营利空间就变小了，甚至会亏损，这样得不偿失的事估计没人会做。”

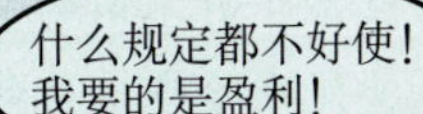

5. 驾校文化缺失

不少驾校校长不清楚驾校文化的内涵，更不清楚进行驾校文化建设会给驾校带来的利益，驾校没有文化氛围，内部人心涣散、管理混乱，缺少必要的经营理念，有的把连他自己都不相信的几句漂亮话写在墙上，如“清廉执教，不吸学员一支烟”，其实只是做做样子而已。

讨论二：

如何理清驾校的发展思路？

思路决定出路，任何成功最初就是一个思路，任何失败最初也是一个思路。这是成功驾校的一个共识。在逆境和困境中，有思路才有出路；在顺境和坦途中，有思路亦才有更大的发展和进步！一个好的思路和决策，能给驾校带来一个好的生存发展环境。

1. 确定目标是驾校发展的根本

第一，长短结合，着眼未来。在驾培市场管理机制不健全的情况下，有不少驾校靠不规范的经营赚到不少钱，而在这些人的目标中只有“赚钱”而非事业。殊不知这种不完整的目标束缚了他们的手脚。这些眼光短浅的驾校在经历了盛极一时的快感后，很快会被社会公众所否定，被竞争对手否定，未来摆在他们面前的路只能是“下坡路”。成功的驾校清楚地知道，无论在什么时候都应有明确的目标。这个目标既考虑眼前利益，又要衡量长远利益，因而他们能够做到如何为了驾校的长远利益而舍弃眼前的“蝇头小利”，特别他们在驾培市场没有正式形成诚信制度的情况下，自觉恪守诚信的理念，甚至表现出一些令同行感到“费解”的“傻”，这正是成功驾校的成功所在。

第二，了解现状，确定目标。全面了解驾校的现状是确定驾校目标的前提。驾校的现状包括两个方面：一是驾校的外部环境现状，包括法律环境、经济环境、社会文化因素以及同行业竞争状况，特别是可能的竞争对手的规模、员工情况、生源、社会关系、服务质量、培训价格、公众形象、市场份额、主要竞争特点及比较优势；二是驾校内部的经营状况，主要是对驾校内部的条件和能力加以正确的估计，明确驾校自身的优势和劣势所在。在驾校发展过程中有许多方面可制订具体目标，如学员规模、培训合格率、驾校的规模、驾校的影响力、管理规范化、质量信誉、成本控制等，但不同的驾校和驾校处于不同发展时期的目标也不相同。设立的目标不宜过多。有不少驾校在制定目标时有一些错误的理解，通常以为是“多多益善”，殊不知许多目标既不合理又无实现可能，只是华而不实的漂亮口号，结果误导了员工。作为驾校的目标，从面上看是具体的指标，而实际是比较优势的建立，按照流行的“木桶理论”，应找出驾校的短板，这就是驾校最关键最重要的目标，这样目标很容易量化并能很清晰的表达诉求。

第三，沟通授权，检查调整。驾校的目标确定后，就必须坚决地去执行，具体做法通常采取4点：首先是内部沟通，通过把目标分解、简化，向员工解释这些目标，就实现目标的意义、实现目标需要克服什么困难、实现目标的激励等展开讨论，通过有效沟通、主动沟通、尽早沟通，让员工充分了解工作任务或目标。只有员工对工作目标有了清楚、共同的认识，才能在成员中树立成就感，才能增强实施过程的紧迫感；二是授权，要根据不同的目标、任务，对不同的人员进行授权；三是检查，要定期检查工作的进展情况以及工作方法的正确性，假若目标实施没有得到认真对待，再清晰的目标也不可实现；四是调整，根据外部环境变化及内部的实施情况，一旦出现偏差要及时调整纠正。

2. 诚信是驾校兴旺发达的基础

在现代驾培市场条件下，驾校只有在经营活动中遵守诚信，才能拥有非常广泛的学车群体。学员是驾校生存与发展的重要资源，诚信是学员选择驾校的关键因素之一。只有做到恪守诚信，才能不断吸引新学员，从而在原有的市场基础上开拓新的市场，最终使驾校高效益的可持续发展。如果一个驾校缺乏诚信，做假广告，在培训中“短斤少两”，损害学员的利益，那么虽然可能在短时间内能获得一定利益，但从长远利益角度看，则是一种自我毁灭。因为任何一个驾校

虽然可能在一事一时上使自己骗人的手法得逞，但在激烈的市场竞争中不可能永远骗人，一旦被人们识破，那它就彻底完了。俗话说“金杯、银杯、不如老百姓的‘口碑’”，因此，诚信是驾校存亡兴衰的试金石。

3. 打造品牌是驾校发展的标志

品牌是驾校无形资产的最主要表现形式，是驾校信用的标志，也是驾校经营活动的最为重要的经营手段，谁拥有了品牌，也就拥有了学员。但是任何一所驾校的品牌不是从天上掉下来的，也不是仅靠广告宣传出来的，而是靠驾校自身的形象、规模、实力、信誉程度和服务水平的持续改善得到的。通过改善制度、改善管理、改善经营等一系列改善活动，改善驾校以环境、设施为代表的硬件形象和以服务质量为代表的服务形象，进而赢得学员的信任。因此，打造驾校品牌的过程就是赢得学员信任的过程。在这个过程中，能够高效而低成本打造驾校品牌的最有效方法就是持续改善服务质量。主要的有以下四个方面的“着力点”。

第一，打造形象。形象是一个驾校的外在表现，它的本质可理解为公众对驾校实际情况的能动反映。良好的形象除了知名度外，还有美誉度和忠诚度，它是驾校信誉、经营思路、管理理念、价值观取向和具体做法等诸多方面的综合反映，更是驾校整体实力的体现。能否建立体现整体性、差异性、时代性和鲜明性等内在要求的驾校形象，决定着驾校的盛衰兴亡。

第二，创造特色。特色往往是一个驾校“出色”的最大本钱。技术、技能、个性化服务始终是一个驾校在竞争中脱颖而出的利器。大凡“第一”的，往往也是“唯一”的。在以“赢者通吃”为主要游戏规则的驾校竞争中，“第一”意味着“应有尽有”，“唯一”便可以“唯我独尊”。

第三，理顺关系。关系不仅是驾校内外人、事、物和信息之间形成良性互动的纽带与黏合剂，而且也是驾校的宝贵资源和财富。这里说的关系并不是不正常的“官商”关系，而是竞争与合作关系，这是当今驾校内外关系的突出特点。驾校要顺应这一变化，就要从根本上更新观念、改进方法、不断创新。互动是保持和巩固关系的有效手段。规范驾校“关系”管理的最终目的，就是为驾校的生存和发展营造一个良好的内部环境，尽可能减少驾校的“外损”和“内耗”，努力实现驾校外部、内部人与人之间、外部与同行之间、人与驾校之间的“双赢”或“多赢”。可以这样说，如果把关系理顺了，那么一切都会顺理成章。

第四，确保质量。质量是驾校的生命，驾校的质量管理是由培训质量与服务质量两部分构成，它不仅是一种理念、意识和形象，而且也是一种行为导向和工作基准，它已渗透和体现在驾校管理各个环节。推行全面质量管理是驾校实现质量管理规范化的有效手段，其核心要求是以人性化服务为出发点和落脚点，让人掌握机动车驾驶技术，教会人安全驾驶、文明行车，使学员成为一个合格驾驶员。

第五，改善营销。营销就是通过服务在驾校和学员之间建立起桥梁和纽带，并保持双方良性互动的一系列活动。在传统的驾校经营中不存在营销的问题，但市场化的驾培市场，驾校要尽快建立营销系统，因为按现在的市场观念，“好酒也怕巷子深”。面对学员和竞争者，通过营销最能显示一个驾校的竞争力。因为营销不仅着眼于满足当前的需求和向学员提供优质的服务，而且还要注意研究竞争对手，并形成和保持比竞争对手更多的竞争优势。曾有人说：一个驾校在成长过程中，最可怕的不是竞争对手，很多时候，竞争对手就像磨刀石一样，能够把驾校自身磨的非常锋利，然后在竞争中手起刀落，战胜对手。

4. 完善机制、健全制度、控制成本是驾校发展的保障

第一，完善机制。机制就是驾校运行秩序化、规范化和稳定性、科学性的基本保障。好的机制可增强驾校行为的预见性、减少不确定性和无序性，从而节约驾校的运行成本，在尽可能减少人为因素的干扰。人是机制的主体，利益是机制的动力，制度是机制的骨架，信息是机制的神经。优秀驾校的管理机制具有自我调整、不断优化、动态平衡、适时创新和良性循环等特征，它可以在剧烈的市场变化和激烈的竞争中为驾校起到“屏蔽”和“防火墙”作用。

第二，健全制度。制度是保证驾校各项业务正常运转的轨道，是驾校调控其内部各种关系的有效工具。好的制度可为驾校的稳定起到“锚固效应”，制度规章越是健全完善，意味着驾校本身越是成熟。规章制度并非越多越细就越好，关键是“管用”、“实用”，改变传统的人治管理。通过不断强化和完善驾校的制度建设，可使驾校适应未来市场竞争的客观要求。

第三，控制成本。成本是驾校财务管理的核心问题，驾校的利润实质还是成本管理。要搞好驾校的成本管理，就要树立正确的成本管理理念，健全制度，采取有效措施控制成本。

总之，理清驾校发展思路，就是要吃透本地的行情，明确自身定位和发展目标，自觉把驾校的发展置于本地驾培市场的大环境中去谋划。既认真总结经验教训，又善于找准突出问题，做到诚信经营、守法经营，要持续改善、突出特色、打造品牌，使驾校做优、做强、做大。

如何看驾校的“死亡”？

驾校之死，往往死于低价竞争，盲目招生；死于贪心不足，小马拉大车；死于市场反应滞后，没能及时调整经营思路。据说全国有7000所驾校，建校不足3年的占大多数，民营驾校是主体。许多新生的民营驾校尚处在生死线上，驾校会何种死法？有的会“盲死”，死于“战略盲”。有的老板只知道驾校有暴利，不知深浅、不做市场调查、不搞前景分析、义无反顾地进了驾培市场，进来后傻了眼，一切出乎意料，一切没有准备，如此办驾校，怎能不死？有的会“粗死”，死于粗犷经营，油料成本、工资成本、广告宣传成本大幅上涨，考试难度增加，培训周期延长，服务要求的差异化、个性化、快捷化，无不要求驾校的经营者们进行精细化管理，针尖上打擂台，拼的就是粗细，还抱着过去那种“萝卜快了不洗泥”、“差不多就行”的管理理念者，也必将掉队。

为规范驾培市场，交通运输部和公安部分别出台了许多规定，许多驾校感到不适应，于是遇到红灯绕道走，搞上有政策下有对策。于是乎，“超低空飞行”低价招生，大打价格战者有之；遍地开花到处建“根据地”，公然违反不准异地培训的规定者有之；欺骗招生、服务缩水、克扣学时者有之；化整为零、转嫁风险、将教练车私自承包出去者有之。捣鬼有术也有效，但也有限，终究成不了大事，投机取巧也许能获一时之利，但终究会受到市场的惩罚，受到政策的惩罚。

驾校校长应该把什么放在第一位？

盈利是驾校老板的追求和目标，这无可厚非。正像一个名人所说，不盈利的企业是不道德的，因为它浪费了社会的资源。但当它不顾社会道德和社会责任，把实现利润的最大化当作第一和唯一的目标时，它就会误入歧途。驾校作为一个特殊的企业，它的存在状态，事关人们生命安全的保障，事关和谐社会的构建。

从发展的角度看，一个没有社会责任感的企业，不会有竞争力，更不会长久。美国兰德公司是世界上最著名的咨询公司，它在对世界500强企业进行了20年的跟踪后，于1998年完成了调研报告：保持百年不衰的企业紧紧抓住了企业核心价值观的三条，其中一条是“社会价值高于利润价值”。

如何引导消费者理性择校？

能省就省，勤俭持家是我们民族的传统美德，但是有些钱是不能省的，尤其是关系到健康和生命的钱是万万不能省的。选择驾校不能唯“价格论”，理性择校要做到“四看”：一看驾校是否合法。有些驾校尚在筹备中，“许可证”、“考试权”还未取得就提前招生，致使学员迟迟不能毕业。一些驾培市场的“二道贩子”，拼凑几辆车，挂靠上一所驾校，就开张营业，学员的权益无法保证。二看内部机制是否合理。有些驾校名义上是一个整体，实际上已将车辆承包给了教练员，教练员各行其是，各自为政，培训质量无法保证。三要看培训周期是否过长。周期超过3个月，即为不正常，不是学员积压，就是培训质量不过关，或者关系协调不力，报名前一定向老学员问清楚。四看价格是否有陷阱。有些驾校巧立名目，多次收费，学员务必要提高警惕。总之，学员在选择驾校时，要注重口碑和性价比，理性消费。

世界发达国家驾驶员培训情况

1. 欧洲

欧洲国家对机动车驾驶的基本共识是：机动车驾驶员所从事的是较危险、较专业的技术行业。如果让学习驾驶者轻松取得驾驶资格，就等于放纵犯罪。基于这种认识，在欧洲考取驾驶证是非常困难的。

德国被认为是世界上驾驶证难考的国家之一，一般首次考试通过率不足50%。德国驾校非常多，大约有13500所，都是私人办的小家庭作坊式运作形式。驾校对学员培训也分为理论和实际培训两部分。理论课时可以因人而异，但每节课45分钟，至少要学习完12课时后才能参加考试；实际培训包括在高速公路上练习 4 个课时，在城市外的道路上练习 5 个课时，在夜间行驶3个课时的实际驾驶培训。德国的驾驶证分为15种，驾驶证申请者必须满足准驾车型的最低年龄：16岁可驾驶轻便摩托车，18岁可驾驶9座以下的客车和载质量不超过7500kg的货车，21岁可驾驶9座以上的汽车。健康要求：申请者不能患有癫痫症、精神紊乱、未受控制的糖尿病等疾病以及影响驾驶的身体伤残。视力要求：可在佩戴矫正视力眼镜的协助下，读出20m远的机动车牌号码。申请者必须参加事故发生地施救措施及急救培训，理论考试合格后，再经过驾驶教练的全套培训后进行考试，获取有能力驾驶机动车的考试证明。驾驶证发放机关可在驾驶证数据中心查询该学员是否具有机动车驾驶员的素质，是否具有影响驾驶的慢性病和身体损害(如癫痫症等)。驾驶证申请者除患病和残疾外，如有吸毒、酗酒等恶习或性格缺陷，驾证管理机关则会对其驾驶素质产生怀疑，如有必要，会要求其出示有关鉴定证明。

法国驾驶员可通过驾校培训后考试，也可以不通过驾校培训直接考试。据统计，有20%的人通过驾校取得驾驶证。考试人员独立于驾校，其资格由政府部门认定。法国的驾驶证由警察依据考试合格的证明签发。驾驶证分为9种，驾驶证申请者必须满足准驾车型的最低年龄：16岁可驾驶摩托车，18岁可驾驶9座以下车辆，23岁可驾驶公共汽车。驾驶员考试的项目分为交通法规考试和路考，考完交通法规20小时后就可参加路考。路考必须在道路上进行，考试用的车辆由驾校提供。法国路考非常严格，一次考试通过率仅为30%。对于已取得驾驶证的人员，采取每年自愿参加1小时培训的方式，驾校和一些公司均可开办这样的培训班。对于驾龄2年以下，严重违章的驾驶员，法律规定强制培训2天。

荷兰采取了十分严格的驾驶员考试制度，规定每期只能有45%的优秀学员可以通

过考试，且费用昂贵，考取小客车驾驶证需1500欧元(约1万多元人民币)；第二年考载货汽车、第三年考大客车各需1500欧元。取得了各种驾驶证后，每年仍要集中接受培训。到医院看望、照顾车祸受伤人员，进行事故成因分析，驾驶技术讲解等是每年的必修课。

2. 美国

美国的成年人学车不一定到驾校学习。但美国的孩子从15岁就可以学开车，有的高中设有驾驶课程，请驾校的老师到学校教授交通安全相关法律法规和组织训练。大部分高中学校把学生直接介绍到附近的驾校上课。驾校只能向每个学生提供2～3小时驾驶训练，更多的实践还是要学生在家长或其他有驾驶资格人的陪同下，用私家车自行练习，只要注意带好临时驾驶证以备警方查验即可。驾校的教练是一对一地带领学生上路，实地认识路标，熟悉道路等。驾校使用在副驾驶座安装有第二套行车制动踏板的汽车，车上标有“驾校学生（开车），请留意”字样。

3. 日本

在日本，年轻人不愿意拥有和驾驶机动车已成为一种社会现象，被称为“年轻人的去机动车化”。这里的“机动车”也包括摩托车。一般认为这种现象最早在1990年出现于城市。自2000年以来，10年过去了，而情况未见明显改变。长此以往，恐怕回避机动车的不仅仅是年轻人，甚至包括中年人。

去机动车化，最早影响到汽车产业。以25～34岁男女为对象的研究机构“M1·F1总研”曾报告：2000年至2002年之间，29岁以下的青年人年均购车数从0.103辆降至0.052辆。到了2004年，很多厂商都反映车辆卖不动了。而“去机动车化”也自然地发展为“去驾照化”：年轻人不愿意考驾照，因此驾培市场也受到冲击。2008年10月，东京都八王子驾校破产，破产时未能偿还约1700名学员的共计2亿日元的费用；2008年11月，北海道札幌市的安全相互摩托车驾校倒闭，进入破产程序时也没能偿还清学费。在此前不久，驾校倒闭还要提前半年报告日本公安委员会并停止招生，同时向附近驾校交接学员，可现在驾校经营困难已到了说倒闭就倒闭的地步。

根据日本警察厅的统计，从公安委员会所认定的“指定驾校”结业的人数，在20年前，每年超过260万人，而到2007年年底已不足180万人。这当然也受到人口减少的影响，因为适龄人口总数早已不如以往。但在以前，虽然“去机动车”，但是在高中毕业后、上大学前的假期，仍旧有很多学生来学车。

如今“全民学车”的时代已经过去，现在的年轻人，较有驾照，优先考虑获得有利于就业的资格；而在消费方面，更倾向于电脑、手机等信息产品。当然，“去机动车”或“去驾照”，也不纯是兴趣问题。日本经济泡沫之后，尤其是1990年以来，年轻人就业形势显著严峻，像学驾照这样动辄数十万日元的消费已是相当重的负担，更不必说与买车及养车相关的花费。此外，尤其是在大城市，公共交通及物流已很发达，现代信息技术使得包括网络购物、远程教育等服务越来越方便，驾驶机动车越来越显得没有必要。

可是就整个驾驶培训行业来看，似乎还

没能调整过来。1960 年日本开始扶持驾培行业，到1990 年前期，号称基本上拿块地办驾校就能赚钱。然而自1992 年以后，日本的18岁人口持续减少，驾校数量却在1990 年末以前，还在增加。现有指定驾校超1400 所。有日本人说，香港700 万人只有8 所驾校，日本其实也只需要700 所左右的驾校。

驾校多了，学员减少。于是带来了无休止的价格战。如东京多摩地区的日铁中央线沿线，就是著名激战区。学习手动挡汽车的驾校学费及教材费总共20万日元多一点，比10 年前还便宜2～3 成；甚至有的在20 万日元以内。不愿意打价格战的驾校也表示，如果别人家只便宜3 万日元，那自己还能通过提升服务来提高竞争力；但是便宜7～8 万日元的话，自己不降价就完全不是对手。这所谓的服务，除了改变以往教练员傲慢形象、亲切教学之外，还增加不少完全与驾驶技能、安全出行知识培训等核心服务无关的内容。如在东京都武藏野市的武藏境驾校，花100 日元就能美甲、按摩；在静冈县热海市的热海驾校，学员可以泡温泉……此外驾校为了降低成本，又多愿意雇佣年轻人，甚至有不少20岁出头的教练员。为了赚钱，有的驾校放弃了指导交通安全的社会责任。比如日本规定70 岁以上的驾驶员更换驾照时必须到指定驾校花钱接受固定时间的培训；然而有些驾校为了抢生源，根本不管老人实际是否适合开车，对其操作上的问题睁一只眼闭一只眼。

当然日本驾校也不是毫无正经的应对措施。比如大都市周边地区，因为公共交通等基础设施本不如大城市，当地人的学车欲望比在大城市的居民强烈，所以驾校降价幅度并不很大。但是因为本来包括低价在内的成本就低，和大都市的驾校相比，价格上仍差很多。于是现在有不少“外地”的驾校，推出了住宿培训业务，包吃包住包交通费，驾驶培训品质相当，但这样的价格都比大城市的低。其中有的甚至结合了前文所述的各种花哨的服务，让在驾校学车看着像在度假村休闲。

还有的驾校在培训内容上创新，比如推出混合动力车、电动汽车驾驶培训课程，或者培训时侧重于节能驾驶、安全驾驶等。尤其是后者，虽然时处年轻人的去驾照时代，但这样的课程据说在中老年人群中很受欢迎。琦玉县的FINE 驾校最早推出节能驾驶培训课程。其校长的理念是，驾校不是学员一辈子只来一 次的地方，而应能让学员反复来。至于东京都的小山驾校，还开设了英语培训课程，吸引外国人学车。

更有些驾校，以驾驶为突破口，服务已不局限于培训。比如向企业提供驾驶安全讲座，向带孩子的家庭主妇、残疾人等提供有针对性的服务等。但是有新点子的驾校毕竟少。几十年来，驾校都是只要遵循公安委员会的培训教学大纲等，就能生存，不需要增加其他服务。需求不足而供给过剩的日本驾校，还有在旧体制、旧时代下经营的惯性。其淘汰赛还远没结束。在中国，由于一胎化的影响，将来少子化问题恐怕比日本还严重。人无远虑，必有近忧。如果驾驶培训市场相关机构及人员，不充分吸取日本教训，到时候影响的恐怕不仅仅是几个驾校及其职工与学员，“事物是普遍联系的”，或也殃及其他行业及地方就业等方面。

2010 年中国大陆驾校已有0.9 万所（据中华人民共和国交通运输部《2010中国道路

运输发展报告》）。虽然驾校数占人口的比例还不如日本指定驾校数占其人口（1.3 亿）比例，但如果按香港700 万人8 所驾校的标准，则13 亿人所需不超过1500 所；如果按前述日本人其实只需700 所驾校的标准，则所需驾校不超过7000 所。也就是说，驾校事实上已经过剩。然而驾培市场还在扩张，据说现在驾校数已1 万有余。驾校过多，却犹未能充分保障学员的训练时间。这固然与地区间发展不平衡有关，但和驾校的创设目的、管理水平、教学理念恐怕关系更大。天下熙熙皆为利来，天下攘攘皆为利往。盲目投资兴办驾校，却不仅没有准备好应对将来市场过于饱和的局面，也不适应现在的培训要求。这样的驾校或许还有不少。物极必反，如果驾校数占人口比例逼近日本，这样的驾校恐将瞬间淘汰。好在驾培行业还不是完全市场化的，管理者和经营者都可以未雨绸缪，尚有机会采取措施避免重蹈日本覆辙。

胜人者力　自胜者强

驾校校长的职责

校长作为驾校的最高管理者和决策者，是驾校的核心。校长的责任感和理念决定了驾校的办学方向和未来，校长的素质决定着驾校的兴衰成败，校长领导能力直接影响到驾校的管理水平。

校长的领导能力包括决策能力、沟通能力、团队能力、执行能力，这些是校长的支配力与影响力的统一，是职务权威与自然权威的统一，更关键的是执行力与人文性的统一。人民教育家陶行知说过：“做一位学校校长，谈何容易！说得小些，他关系到千百人的学业前途；说得大些，他关系到国家与学术之兴衰。”所以，对于驾校校长来说最重要的素质是热爱驾培事业，有高度的事业心和社会责任感。

1 校长的素质和基本要求

校长的素质决定驾校兴衰成败。校长的素质包括思想政治、专业知识、领导方法、决策、用人、思维、语言、个性等素质。由于驾校不同于其他学校，教学形式包括理论和驾驶操作两种教学形式，具有一定的风险性。要求校长应具备较高的职业素质、专业知识和领导水平。校长只有做到对社会有责任心，对教职工关心，对学员有爱心，才能带出一支好的队伍，建设好的校风，才能有所创造，有所成就，有所前进。许多情况基本相同的驾校，仅仅由于校长素质上的差异，有的日益兴旺，有的逐渐衰败。

我国的驾校被定位为社会公众有偿提供驾驶培训服务活动的机构，机动车驾驶员培训实行社会化，驾校成为带有教育职能的企业，具有教学和经营两种职能。要求驾校校长既要懂教育，又要懂企业经营；既要当教育家，又要当企业家。驾校校长的办学理念，决定着驾校的发展方向和生存。一个没有社会责任感和文化素养的校长，其所办的驾校是不会有生命力的。因此，对驾校校长的职业道德、文化水平、经营理念、管理能力和业务能力，提出了新的要求和更高标准。

驾校校长的基本要求：

第一，职业道德方面：

(1) 热爱驾培事业，具有奉献精神，履行校长职责，承担企业及社会责任，对出资人负责，对员工负责；

(2) 勇于进取，敢于创新，立志改革，对所从事的事业有坚定的信念，有客观的自我评价，善于发掘潜力和运用才能，富于创造性地开展工作；

(3) 关心和尊重他人，作风民主，平易近人；

(4) 勤于学习和管理，善于思考和实践；

(5) 不畏挫折，坚定果敢，具有较强自

制、自控能力；

（6）讲究配合，长于协调，富有团队精神；

（7）具有良好的职业道德，讲信用，守承诺，有良好的个人信誉；

（8）遵章守法，合法经营，节约能源，保护环境，确保安全。

第二，知识方面：

（1）掌握公司法、合同法、安全生产法、交通安全法以及有关道路运输的法规规章；

（2）掌握道路运输以及相关业务的安全管理技巧、安全技术理论以及道路交通事故防范的专业知识；

（3）掌握事故应急处理的措施和方法；

（4）掌握管理的基本理论、质量管理技巧、人力资源管理技巧、财务管理技巧、信息管理技巧、营销管理技巧、企业形象设计；

（5）掌握机动车驾驶员培训安全管理技巧、机动车技术管理技巧、学员管理技巧、教练设施设备管理技巧。

第三，能力方面：

具备计划能力、沟通能力、经营能力、管理能力、决策能力、创造能力、指挥能力、组织能力、表达能力、适应能力、技术应用能力、危机处理能力。

2 校长的主要职责

履行校长职责是驾校执行力的保障。驾校校长是驾校的法定代表人，学校最高行政负责人，对外全权代表驾校，校内负责全面

管理学校工作，对驾校的教学、实操练习和行政事务全面负责。校长依法行使应有的权力，对行使权力的结果要负责任。在工作上要承担具体的行政责任和法律上应负有的法律责任。校长的职、权、责三者互相联系、互相制约，处在一个不可分割的统一体中。俗话说得好："有什么样的校长，就有什么样的学校。""一个学校校风如何，就看这个学校校长的作风如何。"

驾校校长要在驾校全面落实素质教育工程，以培养驾驶员"安全第一、珍爱生命"的职业素质为总体目标，从提高驾驶员安全意识和操作技能入手，严格按照国家有关规定，认真落实教学大纲，对机动车驾驶学员进行道路交通安全法律法规、安全意识、职业道德和驾驶技能的培训，确保培训质量。

驾校校长的主要职责：

（1）全面贯彻执行国家的政策、法规，坚持正确的办学方向，全力为社会培养合格的机动车驾驶员才；

（2）制订驾校的发展目标，建立和完善驾校的各项管理制度并监督执行，争取经济效益和社会效益最大化；

（3）领导和组织理论教学、实际操作教学及财务、后勤工作；

（4）负责领导和组织教职工的政治、文化、业务学习，不断提高教职工的职业道德、文化业务水平及教学能力和服务水平；

（5）关心教职工和学员的生活与健康，努力改善办学条件；

（6）做好对外联系工作、沟通校内外信息交流，争取社会和业务主管部门对学校的支持。

3 校长的领导能力

驾校校长的领导能力，对驾校的生存和发展起着关键性的作用。一个优秀的驾校校长，要做到：纵观全局、不拘小节，善于学习、不断进取，抓大放小、优化资源，知人善任、授权授责，检查绩效、赏罚分明，沟通合作、以人为本，自信内省、严于律己，牢记使命、超越自我。

第一，要站在一定的高度看问题。不能只顾眼前利益，要从长远着想，考虑大局利益。以教育为主，盈利为辅，深层次研究驾校生存环境和条件，学会在残酷的市场竞争中历练自己，不能只是为了赚钱，争市场，争生源。要牢记适者生存；恶意竞争、相互摧残，只能是两败俱伤。

第二，要牢记使命，勇于承担社会责任。领导驾校按照国家规定合法经营，求质量、讲信誉。学员就是上帝，只有我为学员，学员才能为我。靠学员的口碑树立驾校的形象，努力打造品牌，以优质服务、驾校实力和个人信誉赢得市场。

第三，走资源共享、和谐发展的办学之

路。"一花独放不是春，百花齐放春满园"。靠一所驾校的兴旺是不能推动整个驾培市场发展的，要与兄弟驾校一起，团结一致，共同培育和谐、健康、有序的驾培市场。

第四，要善于处理各种关系，这是驾校校长必须掌握的一门公关艺术。是否能处理好各种关系，是评价驾校校长的一个重要指标，也是在社会和市场站稳脚跟的重要环节。处理好上下级关系，处理好与其他驾校之间的关系，处理好与行业管理部门、物价部门、工商税务部门和公安考试部门的关系等，都是当好驾校校长必须具备的。

4 校长的用人艺术

用人是校长进行学校管理的主要职能，是关系到驾校兴衰、事业成败的关键因素。善于用人是对校长管理能力的基础要求，正如邓小平同志所指出的："善于发现人才，团结人才，使用人才，是领导者是否成熟的主要标志之一。"

(1) 校长要善于了解每一个教职工的特点，客观、公正、真实地评价每一位教职工的素质水平和工作实绩，根据不同的岗位对人的素质要求，去选择使用人，做到量才而用，人尽其才，这是校长履行用人职能的重要基础和前提。

(2) 选用人才既要注重德才兼备，用发展的观点去考核人的全面素质和工作实绩，又要善于发现人的长处，看到人的短处，做到用其长避其短，不求全责备。

(3) 用人要做到用人不疑，疑人不用，一旦正式任用，就要明职授权，以诚相待，让其放手工作；对没有考察清楚，不甚了解，或者已判定德才某方面有缺陷，不能适用某工作时，不轻率使用。

(4) 用才必须做到爱才、护才、容才。要具有宽广的胸怀和无私的心底，不计较个人恩怨和个人小利，不嫉贤妒能。容得下有不同意见的人，容得下有过失的人，容得下有不同个性的人，容得下比自己强的人，容得下比自己弱的人，敢于向下属承认自己的错误，敢于承担责任。但大事坚持原则，不无原则迁就。

5 校长的语言表达艺术

驾校校长的语言能够产生一种领导力量，但并非每位校长的每句语言都能产生积极力量。校长若不能恰当运用语言，会把问题说得一团糟，甚至表达出与本意相反的效果。怎样认识语言的表达艺术呢？有人认为，语言流畅动听，口若悬河、滔滔不绝就是具有表达能力，其实是对语言表达艺术狭隘、片面的理解。语言表达的艺术，不在于语言的多少，而是取决于说话质与量的统一，语言与语境的统一。夸夸其谈的人，恰恰是不懂语言表达艺术的人。

驾校校长的语言表达是一种综合性的实用艺术，不是一张嘴就能表达的。而是把语言同人的心理背景、现实背景及工作目标，高度地、系统化地统一起来。而且，这种表达艺术的价值，并不在于语言本身，而在于其实际效果。校长语言表达艺术最简单的概括是：针对不同的场合、目的、人群采取相应的表达方式，说出十分恰当的话，从而达到语言运作的目的。但是在实际工作中，如何达到语言表达质、量、度、美的统一，是最难做、最复杂的事情。所以，校长学会语言表达艺术，对处理好与业务主管部门、考试部门、学员的关系十分重要，不能只简单地说出某一道理，而是善于用最恰当的方式说出，并尽最大可能让听者接受。

案例一：江西九江某驾校倒卖驾驶证

一起最近发生在浙江温州的交通肇事逃逸案，暴露出异地倒卖驾驶证的荒诞。温州交警支队查明，逃逸的温州驾驶员在江西九江获得驾驶证的时间是2008年4月25日，而这天，此人尚在监狱服刑。

多个经济发达省市的交警部门近年来都遇到这样一个反常现象：交通事故率持续攀升，本地驾校学员不断锐减，其中许多肇事驾驶员的驾驶证都来自同一地区——江西。

在江西九江、景德镇、抚州等地，花钱买驾驶证几乎是尽人皆知的秘密。几年前，在浙江福建等地驾校招生点，甚至打出了“三天就可以办驾照”的广告。最疯狂的时候，九江一半以上的驾校学员都是外地人。

这次由江西省公安厅和省检察院联合组成的专案组，从2009年8月开始调查。2010年的中秋节前夕，江西省公安厅在九江展开了抓捕行动，据专案组调查发现，九江一所国家一类驾校至少涉嫌2000本驾驶证的买卖交易，驾校负责人被捕。

案例二：驾校校长因贪污巨款被判刑10年

2009年11月9日，郑州某驾校校长因犯贪污罪，被河南省郑州市惠济区法院判处有期徒刑十年零六个月。

该校长于2007年初，在新组建的驾驶员培训学校校长竞聘中，凭借多年经营的人际关系和娴熟的业务素质，一路过关斩将，以竞争者第一名的成绩兼任了培训学校校长。走马上任后，创新与改革同步进行，很快打开了局面。关于该校收费标准，驾校向学员正常收费主要包括培训费、考试费两项费用，规定本地户籍学员每人1950元，外地户籍学员每人2250元，承诺“一次缴费，终身受益，因材施教，直到拿证”。而非正常收费则是指补考费，又名处理费，学员只要交了不合格科目的处理费，驾校就会去车管所协调处

理，学员就不需要再考试。而被称之为“驾驶培训新理念”。

在“新理念”驱动下，培训学校开张半年就大赚了一把，还向主管部门上交了50万元的利润。一时间，该校长成为当地闻名的“职教专家”。随着驾校利润的增加，该校长心里产生了一种不平衡，几乎成了一块心病。眼看着大把大把的营业收入交给了主管单位，他和教练员们只落了个夏天一身汗水，冬天一身油渍，偶尔发个加班费，还得请示汇报。“不中，我不能守着财富没饭吃。”于是他更新“观念”，巧立名目，一方面虚报支出额度，一方面加大补考费收取力度，半年盘点，小金库账面上竟有了25万元的存款，他从中拿出5000元给教练们发奖金，剩余的全部转入了私设的个人账户。

讨论一：

驾校校长的领导艺术

驾校校长的领导艺术是个人素质的综合反映，是因人而异的。黑格尔说过：“世界上没有完全相同的两片叶子”，同样也没有完全相同的两个人，没有完全相同的驾校校长和领导风格。有多少个驾校校长就有多少种领导风格。领导风格就是领导方法，哪位驾校校长在错综复杂的矛盾中抓住了主要矛盾，他就能把领导艺术演绎得出神入化。当今，人们把领导艺术当作一门科学，在这门学科里，包括用人艺术、决策艺术、处事艺术、协调艺术、运时艺术、说话艺术、激励艺术等。

1. 用人艺术

“知人善任，任人唯贤”是许多驾校校长都会说的一句口头禅，但真正要做到这一点确不是那么容易，倘若做到了，驾校将会很成功。衡量一个校长的才能应该看其是否能有效地组织驾校所有教职员工，有效地发挥每个人的能力，齐心协力，协调一致。作为校长，用人艺术至关重要，用人必先识人，识人必善育人，育人其为用人，应把握好识人、育人、用人之道。

教练员应该具备高度的社会责任感，良好的职业道德和安全意识，娴熟的驾驶操作技能，丰富的专业知识和驾驶经验；同时，还要具备良好的教学能力。

1）选用人才

选用人才既要看其成绩，又要观其品行。只有能力、品行不正者不可取，能力略欠，品行端正者可用。品行端正其能力略差者不会造成大的危害；即使有很强的能力，品行不端者其害无穷。处于非常时期的创业阶段可以任人唯才，那是形势所迫，长远之计只能选用德才兼备的真正人才。

观察和认识人可参考采用下列方法：

(1) 从问答中观察此人的言语、谈吐、知识与才干；

(2) 用犀利的言辞与他讨论事情，看他应变能力如何；

(3) 暗中派人观察他的言行，看他是否光明磊落；

(4) 直截了当提问，看他有没有隐瞒情况，观察他的德行；

(5) 观察他对女色的态度，看他是否严

于律己；

(6) 将他置于危难境地，看他是否有承担困难的勇气；

(7) 观察他酒后的姿态，看他能否保持沉着镇定；

(8) 给他以管理者的职责，观察他是否骄横欺人；委他以重任，看他是否忠心耿耿；

(9) 不需过问或长期不问，看他如何把握。

2) 培育人才

校长要有一种海纳百川的胸怀，思贤若渴，才能达到人心向往、众望所归的境界。这就要求校长大智若愚，难得糊涂，须知水至清则无鱼，人至察则无徒，做到清浊兼容，善恶并包，而且要既能容人之短，又能容人之长。

培养人，要有意制造一种让人才脱颖而出的环境和风气，信任厚待，任用贤能。不能把所有的人进行排队攀比，人各有其长也各有其短，是没有可比性的，关键在于你怎样为他创造机会，使其有发挥长处的空间，使他转化成需要的人才。

对于校长来说，应懂得培育人，能知人善任，容人共事，共赴大业。但是育人也不能没有制约措施，生中有克，克中有生，适当的克制是必要的。育人是为了用人，如果育人不能为其用，其育何意？用其人而不育其人，用其何能？

3) 善于用人

知人难，用人更难。用人的诀窍在于用其所长而去其所短，寻之以正而戒之以邪。扬长避短，是用人的上策。“凡人才性不一，各有长短，事无不举”，应把每一个人放在合适的位置上，让其充分发挥长处。如何避短？根本的方法是正面引导，引导其追求更高的人生价值，为远大理想而奋斗。以法制短，是用人的中策。各种管理制度、法规、法令等都是制短的有效措施。用人的下策是惩罚，让其直接或间接感受到制裁的滋味。育人用人都少不了批评教育，但惩罚必须善于掌握分寸，过犹不及，会带来不良后果。批评要讲究方法，假若某个人的工作不能使人满意，绝不可绕开这个话题，而必须表达自己的看法，在提出批评时，一定要讲究策略，做到：

(1) 决不当众批评人；

(2) 要记住批评的目的是指出错误在哪里，而不是要指出错误者是谁；

(3) 要创造出一种容易交换意见的气氛，同员工保持紧密关系是正常的，敞开办公室的门，为员工提供增进了解和彼此合作的机会；

(4) 对员工既要关心，又要严格；既要十分亲热，又不能损害自己的监督作用；

(5) 无论批评什么事情都必须找出值得表扬的事情且在批评的前后说。

自古道：“疑人不用，用人不疑。”用一个人的时候，要放心大胆地用，要给其施展才能的平台。一个成功的校长，不需要事事亲为，而是通过适当的授权，让下属充分发挥积极性和创造性，从而实现自己的目标。

校长要掌握授权的艺术，将自己一定

的职权授予下属去行使，使下属为其承担相应的责任，通过授权进行领导是职工参与管理的最高形式，是职工实现自我领导的有效途径。同时要注意的是，授权不等于弃权，也要防止越权，要把握好“度”，不能当事事亲为的领导，也不能当惰性领导，事事不为。

用好一个人，首先要掌握这个人属于什么类型的人，人一般分为主动型、被动型和个性突出、缺点明显三种。主动型的人一般具有较高的追求和奉献精神，具有较为丰富的思想内涵，他们的主动意识强，往往会表现出开拓精神。对其中能力强的，应该以授权的方式为主，尽量授权，交给复杂、有难度的工作，特别是富有挑战性、风险性和开拓性的工作。被动性的人，比较注重物质利益、工作条件和人际环境，表现出来的往往是责任心，而不是进取心，思想内涵也比较简单，对其中能力强的要明确其具体责任，赋予确定的激励机制，做某一领域、某一方面的工作；对其中能力较弱的，要采用适当的管理制度和激励办法，分配给较为单一、专一的工作则比较合适。个性突出、缺点明显的人就是常说的两头冒尖的人，一是用长处，长处显示出来了，缺点便会克服；二是做好思想和情感沟通工作，一年中谈几次话，给予关心，肯定成绩，指出问题，沟通感情。

日本索尼公司盛田昭夫曾说：“日本公司的成功之道并无任何秘诀和不可言传的公式。不是理论，也不是计划，也不是政府政策，而是人，只有人才会使企业获得成功。”古语说：兵有兵径，但兵无常势，弈有弈谱，但弈无定型。所以校长在管理过程中要学会选人、育人、用人之道。这也是驾校的成功之道。

2. 决策艺术

决策是校长要做的主要工作，决策一旦失误，对驾校就意味着损失。对自己就意味着失职。这就要求校长要强化决策意识，尽快提高决策水平，尽量减少各种决策性浪费。

决策前注重调查。校长在决策前一定要多做些调查研究，搞清各种情况，尤其是要把大家的情绪和呼声作为自己决策的第一信号，不能无准备就进入决策状态。

决策中注意民主。校长在决策中要充分发扬民主，优选决策方案，尤其碰到一些非常规性决策。应懂得按照“利利相权取其大、弊弊相权取其小、利弊相权取其利”的原则，适时进行决策，不能未谋乱断，不能错失决策良机。

决策后狠抓落实。决策一旦定下来，就要认真抓好实施，做到言必信、行必果。

决不能朝令夕改。一个校长在工作中花样太多，是一种不成熟的表现。

3. 处事艺术

一个会当校长的人，不应该成为做事最多的人，而应该成为做事最精的人。做自己该做的事。当前，摆在校长面前的事情主要有三类：一类是校长想干、擅长干、必须要干的事。比如，用人、决策等。二类是校长想干、必须干、但不擅长干的事，比如，跑门子找关系、拉生源等。三类是校长不想干、不擅长干、也不一定要干的事，比如，一些小应酬、一些可去可不去的会议等。校长对该自己管的事一定要管好，对不该自己管的事一定不要管。尤其是那些已经明确了是下属分管的工作和只要按有关制度就可办的事，一定不要乱插手、乱干预。

校长应经常去反思昨天，干好今天，谋划明天。多做一些有利于本驾校可持续发展的事。比如。勾画一个明晰且富于自身特点的长、中、短期工作目标，打造一个团结战斗且优势互补的领导班子。多做最为重要的事。比如，如何寻找到一条能适合驾校发展的新路子，如何调动下属的工作积极性。领导者在做事时应先做最重要和最紧要的事。不能主次不分见事就做。

4. 协调艺术

对于驾校来说，没有协调能力的人当不好校长。协调，不仅要明确协调对象和协调方式，还要掌握一些相应的协调技巧。

对于驾校生存与发展有着重大关系的上级管理部门，平时要主动多向领导请示汇报工作，若在工作中有意或无意得罪了上级领导，靠“顶”和“躲”是不行的。理智的办法，一是要主动沟通。错了的要大胆承认，误会了的要解释清楚，以求得领导的谅解。二是要请人调解，这个调解人与自己关系要好，与领导的关系更要非同一般。

对下沟通协调。当下属在一些涉及个人利益的问题上对驾校或校长有意见时，校长应通过谈心、交心等方式来消除彼此间的误解。对能解决的问题一定要尽快解决，一时解决不了的问题，也要向人家说清原因，千万不能以“打哈哈”的方式去对待人或糊弄人。

对外争让有度。校长在与外面同行的协调中，其领导艺术就往往体现在争让之间。大事要争，小事要让，不能遇事必争，也不能遇事皆让。该争不争，就会丧失原则；该让不让，就会影响全局。现实中，同行的恶性竞争是两败俱伤的事，应有合作与竞争的理念。合作是为把驾培市场的蛋糕做大 ，竞争是为分得更多的蛋糕。

5. 运时艺术

强化时间意识。时间是一种无形的稀缺资源，校长不能无视它，更不能浪费它。有人作了统计：一个人一生的有效工作时间大约1万天。一个校长的有效当“官”时间就是10～15年。一旦错过这个有效时间，你思想再好、能力再高，也常常是心有余而力不足。所以，校长要利用这宝贵的时间多做点有意义的事。

学会管理时间。管理时间应包括两个方面：一是要善于把握好自己的时间。当一件

事摆在校长眼前时，应先问一问自己“这事值不值得做?”然后再问一问自己“是不是现在必须做?”最后还要问一问自己“是不是必须自己做?”只有这样才能比较主动地驾驭好自己的时间。二是不随便浪费别人的时间。校长要力戒“会瘾”。不要动不动就开会，不要认为工作就是开会。万一要开会，也应开短会、说短话。千万不要让无关人员来“陪会”，“浪费别人的时间等于谋财害命”。

养成惜时习惯。人才学的研究表明：成功人士与非成功人士的一个主要区别，就是成功人士年轻时就养成了惜时的习惯。要像比尔•盖茨那样：能站着说的事情就不要坐着说，能站着说完的事情就不要进会议室去说，能写个便条的东西就不要写成文件。只有这样才能形成好的惜时习惯。

6. 说话艺术

说话是一门艺术，它是反映校长综合素质的一面镜子，也是下属评价校长水平的一把尺子。校长要提高说话艺术，除了要提高语言表达基本功外，关键要提高语言表达艺术。

做到言之有物。所谓言之有物，就是校长在下属面前讲话，不能空话连篇，套话成堆，要尽量做到实话实说，让大家能经常从校长的讲话中，能获取一些新的有效信息，能听到一些新的见解，能受到一些新的启发，做到言之有理。校长在下属面前讲话，不能官气十足，应注意情理相融。要做到：

(1) 要讲道理，不能搞空对空。一定要与下属的思想、工作、生活等实际紧密结合起来，力求以理服人。

(2) 要注意讲话条理，不能信口开河。语无伦次，一定要让人感到条理清晰，层次分明。

(3) 要通情理，不能拿大话来压人。要多讲些大家眼前最关心的问题、大家心里最想的问题，做到言之有味。校长在下属面前讲话时，语言要带点甜味，要有点新意，要有点幽默感。小平同志有一句话大家耳熟能详：“不管白猫黑猫，抓住老鼠就是好猫。”这话说得形象生动，意味十足。

7. 激励艺术

管理要重在人本管理，人本管理的核心就是重激励。校长要调动大家的积极性，就要学会如何去激励下属。美国前总统里根曾说过这样一句话：“对下属给予适时的表扬和激励，会帮助他们成为一个特殊的人。”一个聪明的校长要善于经常适时、适度地表扬下属。这种“零成本”激励，往往会“夸”出很多为你效劳的好下属。激励注意因人而异。校长在激励下属时，一定要区别对待。最好在激励下属之前，要搞清被激励者最喜欢什么?最讨厌什么?最忌讳什么?尽可能“投其所好”，否则，就有可能好心办坏事。

激励的方式方法很多，要注意多管齐下，有目标激励、榜样激励、责任激励、竞赛激励、关怀激励、许诺激励、金钱激励等，但从大的方面来划分主要可分为精神激励和物质激励两大类。校长在进行激励时，要以精神激励为主，以物质激励为辅，只有形成这样的激励机制，才是一种有效的激励机制，才是一种长效的激励机制。

怎样提升驾校校长的领导力

老子说：“知人者智，自知者明；胜人者有力，自胜者强。”即能够识人的人是有智慧的人；能够知道自己不足的人是聪明的人；能够战胜别人的人是有力量的人；能够战胜自己的人才是强者。现实中，驾校要在驾培市场激烈竞争中生存和发展，就要求驾校校长必须是一个能够战胜自己的强者，是一个具有卓越领导力的人。那怎样才能成为一个具有卓越领导力的人呢？现代研究证明，领导并不是天生的强者和具有卓越领导力的人，领导是一种技能、一种能力。既然是技能和能力，就可以通过学习而获得。在驾培行业，只听说过成功的管理者喜欢学习的，没听说过不喜欢学习的管理者能成功。

校长如何修炼沟通平衡能力？

沟通平衡能力是驾校校长最重要的一项修炼，驾校的发展过程就是驾校不断适应内外变化的过程，驾校内部、外部总会存在这样那样的矛盾，沟通平衡是驾校管理者解决矛盾的最有效手段。

要宽宏大量，有点幽默感。在辞典里把宽宏大量一词定义为容忍各种观点和肯宽恕微小的离经叛道行为。这一品质是与心胸宽阔紧密相连的。宽宏大量的其他含义是不为小事所干扰，肯原谅小的过错，平易近人等。幽默感在任何时候都是必要的，这不能算是一种本领，但它对每个人都有好处。一位具有幽默感的校长定会与每个人相处得更好，而驾校校长应该经常具有这种幽默感，并为拥有它而感到庆幸。

要学会抓大、放小、管细。平衡好驾校大事和小事之间的关系。通常我们用“大”来讲思路、制度、质量、安全、团队；用“小”来指执行；用“大”来指全局，用“小”来指部分。校长除了“抓大”、“放小”外，有时会忘了一件事情，就是用“管细”把这两者联系在一起。“管细”不是指事必躬亲，指的是有适当的渠道可以了解“小”的状况。学会平衡驾校的大事、小事和细事对一个驾校校长确实很重要。

如何与教练员沟通？

俗话说得好：“一个篱笆三个桩，一个好汉三个帮”，驾校离不开教练员群体，与教练员沟通的意义在于有利于调动教练员工作的积极性、主动性、创造性，提高工作能力和服务质量。与教练员沟通协调时，应该以人为本，充分考虑教练员的个性差异、素质、诉求等，与教练员打成一片，融为一团，以求形成整体合力。安排和检查教练员的工作时，需要注意方式和方法。采用命令的方式安排教练员的工作，是非常有害的。

工作中需要尽量“淡化”上下级差别，采用“建议”或“安排”的口吻来安排工作一定会比“命令”更有效；采用“晓之以理，动之以情”的方式来指出教练员的过失或不足，一定会比“斥责”更管用。另外，要通过良好的人际关系提高沟通能力。而要建立良好的人际关系需把握以下几点：一是要平等。平等就意味着相互尊重。寻求尊重是人们的一种需要，要主动了解、关心沟通方。二是要包容。包容表现在对交往对象的理解、关怀和喜爱上。进行换位思考，相互包容。三是要讲信用。信用指一个人诚实、不相欺、守诺言，取得他人的信任。

授权授责一对孪生兄弟

面对众多的手下和事务，校长不可能把每一件事情、每一个员工都紧紧地抓在手里，合理有效授权是现代驾校管理对校长提出的更高要求。在责任、权力这二者关系中，权力是激励，责任是约束。如果只有权力而没有责任，那么人们对权力的追求是无限的，管理就会失控；如果仅仅有责任而没有权力，那么基层管理者就没有活力。授权和授责是一对孪生兄弟，谁也离不开谁，只有做到权责平衡，才能够发挥其应有的作用。进行授权后，要能够对授权人进行充分授权，让其大胆做事，同时要能够和授责一起并用，只有权责并用，保持权力宽度适当，才不会造成权力的滥用。

如何修炼人格魅力?

人格就是人的品质、品格。人格魅力，说的是一个人在与别人交往中，让别人内心感到信服、愉快、安全等的综合概念。人格魅力就是个人的品质、风格、声望、心理品质等。由于人格魅力的作用结合才华的体现，形成了领导的感召力。驾校校长具有能够对自己的能力、正确性以及自己信仰道德上的正义的自信，在驾校众多事物中体现出一种精神的力量，是驾校成功必不可缺少的。驾校校长修练人格魅力，需要从6个方面着手：

第一，有渴望成功的原动力，一个人要有非常强烈的成功愿望，才会去研究自身应该做些什么。没这个前提，很难修炼出人格魅力。

第二，具有善良的本性，没有善良的本性是无论如何修不成人格魅力的。

第三，有自知之明，坚持不断学习、积累，学习驾校管理，学习为人处世的技巧，向身边品质好的人学习，向同行学习，在实践中学习解决处理问题的能力。

第四，要知道自己的优点和缺点。只有真正了解自己，才会知道如何发扬自身优势，从何处改进自己。

第五，学会包容。没有人总是正确的，你的下属也一样。对不喜欢的人也要尽可能团结在一起工作，而不是敬而远之。

第六，要有是非观念，决不做老好人。对待极个别严重影响驾校的人，要坚决果断地予以处理。

第七，不怕犯错误，勇于实践。不论在什么时候，怕犯错误的人永远也不会成功。IBM有一句企业格言：想成功吗？请把犯错误的速度加快一倍。

第八，学习是人的思想之源、知识之源、能力之源。一个人停止了学习，也就意味着停止了成长，停止了进步。学习是为了增长见识，聪慧头脑，看准时代的方向，抓住业务领域内具有关键性的东西，驾驭各种环境，提高自己的竞争能力。

校长的学习技巧

作为一个驾校校长，事务性工作比较多，学习的时间比较少，这就更要讲究学习的目的性和技巧。目的性就是带着“问号”，带着新情况、新问题和这样那样的困惑，然后到书报中和同行中寻求答案。技巧就是要“挑”出来看，“挑”就是选择，要从一本书、一家驾校中挑出所需要的，缺什么补什么。

要善于多问多思，学贵在问，多问必定多获。要做到多问，必须从怕问中跳出来，确立不耻下问的精神和打破砂锅问到底的精神。问就问个明明白白，问就问个透透亮亮。如果有疑问时不问，怕丢面子，怕碰钉子，到时候说不定要出差错，闹笑话，甚至造成被动和损失，那才是真正的得不偿失。

学习的目的全在于应用，学而不用等于没学。在学习实践上要自觉做到“两个结合”，即紧密结合驾校实际，结合驾校的发展，改变现状、指导发展。书本上的东西、同行的经验都是别人的，要把它变成自己的，离不开思考。但是，书本上的知识和同行的经验都是死的，不可能照抄照搬，要把它变成活的，为我所用，离不开应用。如果只是机械地阅读、被动地接受，而没有深入地实践，书读得再多也没用。

学用结合就要善于质疑、注重分析，去粗取精、去伪存真，不能稀里糊涂、人云亦云，不加分析地一概接受。力争做到“三个能”，即能想明白别人想不明白的问题；能干好别人干不好的工作；能把合适的工作交给合适的人去完成。不高人一等，应该高人一筹。

怎样做到自我超越？

自我超越是一个过程、一种终身的修炼，要有突破困难的能力。困难总是横在通往成功的道路上，突破困难可以把自己的劣势转化成优势。对待自己的弱势和不足，不能视而不见或坐在那里祈求上天保佑，期待发生转机。正视劣势和不足，将劣势转化为优势。

不少驾校校长有这样一种感觉，有的时候感觉很累，有的时候也力不从心，感觉很累时却恢复不了，特别在驾校事情不顺利的时候，那么用一种什么样的心态来使自己激情永驻、常保活力呢？无论顺境、逆境，都保持一颗平常心，会敏锐的警觉自己的无

知、力量的不足和发展的极限，突破这种极限不断的发展自身。

超越自我是人生进取的基石，任何人要想成功，都必须牢牢垒砌这块逐步升级的基石。具备了自我超越能力，便向成功又迈进了一大步。如何超越自我？首先，要正确地评价昨天。正确地评价昨天，清晰地认识到昨天的优势与不足，尽可能创造条件，抓住机遇，发扬长处，拟补不足。第二，客观地认识今天。清楚地看到今天的优越条件，无论是主观上自我的条件，还是客观上的一些有利因素，为自己发展和弥补不足奠定基础。第三，科学地筹划明天。要根据自己今天所具备的主观素质和客观条件科学具体地筹划明天，明确自身素质要提高到什么水平，通过什么办法，采取什么措施，利用什么条件，在什么时间，达到什么程度。

借鉴历史，学习用人之道

人事修炼就是学习用人之道的最好方法，就是去借鉴历史，中国的历史文化博大精深，从里面可以挖掘出众多值得我们去学习的东西。

在唐代，唐太宗让房玄龄举荐有才能的人，他过了好久也没有推荐一个人。太宗责问他，房玄龄回答：“陛下，不是为臣不用心，可是好的人才实在太难找了，有些一技之长的人往往在道德或其他方面有缺陷，那些道德品格良好的人却往往没有什么实际技能。我一直想找到品格、才学、能力都完备的人来向皇上举荐，但到现在还是一个都没有遇到。”

唐太宗说：“用人如器物，人就像器皿一样，每件东西都有特定用途。毛笔是用来写字的，你把它用来当筷子使就是用非所当。杯子是用来盛东西的，你要求它像布帛一样柔软光滑是不可能的，也是不必要的。每个人都有他的长处和短处，我们就是要发掘他们的长处，将各种人才放到我们需要的地方去，为我们的事业服务，并不是要找一个什么优点都有、什么缺点都没有的完美的人。”

驾校的管理工作的关键在用人，也就是知人善用、用其所长、避其所短，还要容其所短，切不可求全责备。树立用合适的人做适合事的理念，建立识人、管人、育人、用人、留人的机制，打造特别能战斗的团队。眼中只有人之短，驾校无可用之人；眼中看到人之长，驾校到处是人才。

记者揭驾校五宗罪

一宗罪：驾校报名体检形同虚设

我国《机动车驾驶证申领和使用规定》（2009年修正），对身高、视力、辨色力、听力、上肢、下肢、躯干和颈部七方面身体条件做出了限制，并规定有器质性心脏病、癫痫病、美尼尔氏症、眩晕症、癔病、震颤麻痹、精神病、痴呆以及影响肢体活动的神经系统疾病等妨碍安全驾驶疾病的，不能申请驾照。

记者日前拨通了北京一所驾校的报名热线：

记者："我想学车，今天就想报名，办理手续复杂吗？"

驾校客服："不复杂，照张相片、填个体检表，然后交学费就行了……"

记者："体检是不是要去医院啊，得浪费半天时间吧？"

驾校客服："不用那么麻烦，我们这有体检站，交10块钱，几分钟就能办好。"

花10块钱就能体检？在医院可是需要几十元甚至上百元。所谓的体检站，其实就是一间屋子，里面坐着两个穿白大褂的人，放有视力检验表、身高体重测量仪等简单器械。A教练好像跟白大褂很熟，上前连招呼都不打，直接说："我有个学员，着急办手续，你帮我填个表"。

白大褂："这姑娘怎么这么高啊？有1米7？"

记者："我1米72"（白大褂便在体检表的身高栏写172厘米）。

白大褂："近视啊，你这副眼镜啥时候配的，矫正视力能达到1.0不？"

记者："能、能，最近新配的，看得很清楚"（白大褂便在体检表的视力栏写……）。

就这样，不到5分钟，体检表就填完了。记者感慨，不光体检费便宜，程序也超简单！

二宗罪：三四个学员一辆教练车，学时无保证

几乎在每所驾校的网站上，都可以看到"单人单车"的宣传语。每个学员交学费前，基本上都听客服人员说过类似的承诺。可等你交了学费，是不是单人单车，可就由不得你了。

B学员向记者透露，学车30多个小时了，根本就没享受过单人单车。每次学车至少是两个学员一辆车，甚至三四个学员一辆车。

"冬天的时候，有一次赶上4个学员一辆车，教练又担心有管理部门的人来查车（被发现不是单人单车后会被处罚），不让我们坐在车上。于是我们四个人，轮流上车跟教练学，其余三个人就在练车场站着挨冻。遭老罪了！耗了大半天却什么都没学会。" B学员抱怨说，春天的时候还好，现在热了，在外面晒着也很惨，防晒霜和伞都是必备武器。

"学员多，练车的时间本来就很短，教练竟然老是晚来早退的。我一般预约每周六下午1:00～5:00练车，可教练基本上都是1:15以后到，4:00就收车。就这3个多小时，再分到两个学员身上，平均每个学员摸车不到2小

时。”C学员如是说。

记者算了一笔账，按照每人每次约车4个小时，学完规定的58小时，要约15次。每次两个学员用一辆车，每人驾车约100分钟，15次下来，总共练车25小时。

三宗罪：教练平时让学员买水买烟，考试前收红包

“怎么这么渴啊，你去买瓶饮料”、“没烟抽了”、“上次一个学员送我的茶叶味道不错”……很多学员都表示曾经被教练如此暗示或者明示过。

“学费只是学车成本的一部分，交了学费以后，花钱的地方还多着呢。”已经拿到驾驶证的D小姐回忆说：“练车场里的零食都很贵，一瓶饮料外面卖3元钱，练车场就要5元。外面1元钱的雪糕，教练场要收2元钱。夏天练车的时候，卖饮料雪糕的小贩，整天骑着自行车在练车场里转悠，常会经过我们身边。教练会说‘太热了，咱们吃根雪糕歇会儿’。雪糕自然是我们俩吃，钱自然全是我掏。”

教练的薪水来自学员们所交的学费，学员本该是教练的衣食父母，为何却成了任由宰割的羔羊？“不被宰不行啊，教练会跟你耍花样的，前车之鉴很多啊。”D小姐讲述了一位朋友的经历：“朋友学移库学了20多个小时，早就很熟练了，教练就是不往下教，害得朋友没办法考试。后来经人指点给教练买了条烟，问题迎刃而解了。”考试那天，D小姐和同组的学员每人给了教练200元的红包。“若是不给红包我或许也能过关，可是之前听过种种‘经验之谈’，还是决定花钱买个安心、买个保险，万一要是不过，还得费时间、费钱。”

四宗罪：教练仅教如何应付考试，学员拿到驾驶证却不会开车

一上，右打轮，打四圈，左分水线对中杆，车正左回两圈轮；一下，右打轮，打四圈，左分水线对边杆，车正左回两圈轮；二上，右打轮，打四圈，左前车角进中杆20cm，后杆从倒车镜中消失左回两圈轮；二下，右打轮，打四圈，左前车角对中杆，停车。

练过移库的朋友对上述这段口令应该并不陌生。大多数教练都会让学员背熟这段口令。

“我把倒库、贴库、移库的口令都打印在一张小纸条上，照着背。起初背不下来，想让教练给我讲讲原理。结果教练一句

话就把我顶回来了：‘哪有那么多为什么，书读得太多都读傻了。较真干啥，让你背你就背，考试过关就行了……’从那以后我学乖了，教练怎么说就怎么练。结果是我拿到驾驶证后，根本上不了路，连车库都倒不进去。”E先生大吐苦水。

记者调查发现，除了急功近利、单纯以通过考试为目的，一些教练之所以照本宣科，还因为自己也是“菜鸟”。练车场占地面积较大，多建在市郊，教练多是练车场所在地附近的村民。记者随机暗访了几位教练，他们多是来自附近的村庄。由于离家较近，这些教练多是骑自行车、坐公交或搭乘驾校班车上下班，平日里并不开车上路，没有实际上路和突发事件处理经验。“雇教练场附近的村民当教练，一方面可以降低雇佣成本，另一方面可以解决当地就业。”一位不愿透露姓名的业内人士向记者透露。

五宗罪：驾校班车驾驶员不守交规，误导学员

为方便学员学车，驾校会设置多条线路的班车，接送学员。记者多次搭乘驾校班车，发现存在以下几方面问题。

一是严重超载。某驾校开往亚运村的班车，是辆16座小型客车，5月初的一个周末，记者在天通苑附近登上这辆车，不光没有了座位，几乎连站着的地方都没有，学员们人挨人的站在过道里，就像密不透风的人墙，估计驾驶员连车内的后视镜都看不到。可为了赶时间，驾驶员还是开得飞快。

“师傅，这么多人挤在车上，不影响您的视线啊，您能看得清后面的路况吗？”记者忍不住问。

“没关系，我天天跑这趟线，跑了好几年了，路熟得很，抹黑也能开到站。”驾驶员师傅的回答很“雷”人！

二是车辆老旧。有一次记者搭乘某驾校班车，车熄火了。只见驾驶员很冷静，随手打开发动机罩，拿起事先准备好的水桶，往发动机盖里的某个部件里倒水，嘴里还念叨：“这破车一到夏天就犯毛病，不倒水就不能接着开。”原来这辆班车早就出现问题了，只是不知道是驾驶员知而不报，还是驾校对驾驶员上报的问题不重视。

三是驾驶员不守交规。驾校的班车驾驶员一般都是固定的，所以驾驶员们大多是轻车熟路了。哪里有红绿灯、哪里有摄像头，驾驶员们都一清二楚。尤其是在郊区路段，摄像头较少，驾驶员们为了赶时间就开快车，违规的现象时有发生。

驾校驾驶员凭借着“经验”，虽侥幸未发生事故，却在无形中误导了车上的学员们：只要技术好、路况熟，小小违规也无妨！

现在一些教练的恶劣行为，其实跟部分学员的纵容有关。部分学员想通过送礼享受更多的学时或更好的服务，或者出于顾虑，对教练员的恶劣行为听之任之。

目光长远　规模适度

驾校建设规划

驾校建设规划是驾校长期性和全局性的发展谋划，是驾校发展的蓝图。建设规划的具体实施，是驾校根据发展目标制定实现目标的方式与途径。意义在于确定了驾校在一定时期内的发展目标，必须具有可行性。

驾校规划涉及新建或扩建的建设规划。新建驾校要结合驾培行业主管部门制定的驾校区域发展规划，从驾校设立的目标、市场分析、人才队伍、资源整合等进行可行性研究，确立具体的实施步骤和发展战略。驾校扩建重点要考察实际需要和市场情况，根据市场发展规律、当地人口增长和已有驾校的培训量等，进行综合评价，确定扩建规划与建设目标，不要盲目地追求规模化。

一、驾校建设规划的原则

1 规模化与规模适度的原则

驾校建设过程中，有两种现象值得注意：第一种是“贪大”现象，第二种是“插杆”和“马路”驾校现象。这两种现象的存在，都是在确定驾校建设规模时，缺乏必要的市场调研和客观分析。第一种现象会造成建设规模和投资过大。第二种现象是投入过少，无法形成规模。两种结果都会影响驾校的健康可持续发展，更谈不上经济效益。

按照《中华人民共和国道路运输条例》，“国家鼓励道路运输企业实行规模化、集约化经营”的要求，走规模化、集约化经营是驾校发展的方向。为了避免盲目发展，提高驾校管理水平，保证教学质量，要根据实际情况，适度控制驾校发展规模，把握规模化与规模适度的驾校规划原则。

在大中城市及经济比较发达的县市，驾校的数量比较多，驾校间的竞争日趋激烈。驾校建设规划时，必须对地区发展、市场环境、供需情况、行业竞争和主要竞争对手的情况做到心中有数，避免盲目发展、投资和扩建。

2 适度超前的原则

把握驾校建设适度超前的原则，要根据一定时期内社会和经济发展情况、近年来驾驶员培训结业人数和其他相关数据，结合本区域实际情况预测未来几年各类不同车型机动车驾驶员培训需求量，为驾校预留发展空间。

为应对行业潜在进入者，驾校建设也要做到适度超前。要考虑行业潜在进入者的因素，特别是近几年随着驾培行业迅速发展和完全市场化地位的确立，会有较多的投资者谋求进入驾培市场。行业潜在进入者有几种情况，第一种是直接投资建驾校。第二种是其他行业或企业投资建驾校。第三种是通过产权转让整合驾校。这些潜在进入者会带

来新的培训能力，并要求取得一定的市场份额，并对本行业带来一定影响。

3 系统性原则

俗语说成败兴衰一般决定于三方面的原因：天时、地利、人和。

驾驶员培训社会化、市场化就是天时。驾校所处的地理位置、教学环境就是地利。考驾照者都需要到驾校学习驾驶技术就是人和。机动车进入家庭，汽车驾驶从生存技能转变为生活技能，社会需要大批的驾驶员，驾校是人们学习汽车驾驶技能的第一选择。天时、人和都已具备，地利就要靠驾校的合理规划来创造，不同的驾校可以有不同的解释，但其根本都离不开驾校的具体环境，驾校环境的好坏首先取决于驾校的选址，其次是根据驾校办公、生活、教学需要，结合场地、训练科目、环境、安全和美学的要求，对总体空间、建筑物、训练（考试）场地和道路合理布局。

驾校选址是一项政策、经济、技术性很强的综合性工作。一是要考虑国家的有关土地政策和土地的使用成本；二是能够满足《机动车驾驶员培训机构资格条件》(GB/T 30340—2013) 和《机动车驾驶培训教学与考试大纲》(交运发[2012]729号) 的要求；三是要交通方便，尽量靠近交通主干道和人口密集区域，以方便学员和减少经常性运行费用；四是周边环境没有明显的污染源，如化工厂、垃圾处理厂等，还要考虑水电等配套设施及防洪、防涝等问题。

驾校建设要统一规划，合理利用土地，提升驾校建设品位，确定建设规模和风格的前提下，驾校建设应委托专业机构进行咨询和统一规划及专项设计。专项设计包括单体建筑、管网（排水、电）、训练（考试）场地和道路、照明、绿化等。驾校的建筑物、训练（考试）场地和道路、照明、绿化等平面布置，应结合其所处的位置，充分利用现有的地形地貌进行设计，形成与周边环境景观和谐统一。校区主入口应设置前区，以满足人流、车流的集散和停放车辆的需要；校区围墙临路面部分应尽量采用通透栏杆，这样有利于校容校貌的展示。

4 可行性原则

驾校的建设规划是驾校长期性和全局性的发展谋划，意义在于规定在一定时期内驾校的发展目标。驾校建设规划要经过考察、研讨、反复论证等多个环节，必须具有可行性。

驾校在制定驾校建设规划时，要考虑可持续发展问题，不是考虑一时一事的得失，而是驾校在未来一段时间内的总体发展规模问题，应留有发展余地。经验表明，驾校建设规划通常着眼于未来10～15年的发展目标。

驾校建设规划的制定必须要考虑自身的承受能力。因而在一定时期内，驾校的人才、经济及其他客观条件都有承受能力的限度。如果制定了一个很好的建设规划，但是最后结果是驾校承受不了，这种规划只能加速驾校的死亡，而不会保持驾校的快速发展，应避免孤注一掷的投入。

在驾培市场竞争中，“特色”是驾校经营的法宝之一，究其目的是克“敌”制胜。在竞争中战胜对手。因此，驾校规划制定中必须考虑各种因素并建立自身比较优势。

驾校规划建设必须与驾校的经营管理模式相适应，与驾校的资源相匹配。驾校建设规划不要在没有仔细分析自己内外部环境条件和资源的情况下，就盲目地模仿、照搬，从而造成不必要的失误。

二、驾校训练场地规划设计

驾校教练场包括桩训场地和场内道路训练场地，教练场地规划设计应以《机动车驾驶员培训机构资格条件》(GB/T 30340—2013)及相关国家标准为准则，按驾校教练场地规划设计方案实施。驾校教练场地建设不重视规划、缺少设计，凭感觉照抄、照搬他人驾校教练场地建设方案，往往会弄巧成拙，造成因不合乎基本标准而不能达到验收要求或不能满足实际需要，造成推翻场地，重新规划设计、建设的严重后果。

1 场地选址和面积估算

有基本完成教学大纲要求的地形。驾校教练场分场地教练场、场内驾驶教练场。其地形要符合科目的基本要求。同时，在校外还必须有能完成教学大纲规定的校外实际道路训练路线。二者缺一不可。缺少任何一方，都不是最佳的地形选择。交通方便是学员的需要，也是驾校的需要。如果学员到驾校不方便，那么驾校需要开通班车为其提供便利条件。当然驾校需要增加一笔开支，会增加驾校的成本。国家对土地开发与利用非常严格，这给驾校的建设带来一定的难度。一般选择荒山为宜，地价便宜，手续易办。

在确定驾校教练场的地址后，估算其可用面积。这个面积主要用于场地驾驶教练场、场内道路驾驶教练场以及停车场等。其中的停车场也可以安排在教学办公场所内。场地驾驶教练场和场内道路驾驶教练场的面积的分配主要考虑国家对驾校许可的基本条件和实际训练的需要。如果仅仅考虑驾校基本条件的许可，忽视实际的需要，将给今后的工作带来被动影响。扩建和改建都是非常大的浪费。

2 场地设计和建设造价

教练场地规划设计和建设造价是不少驾校比较纠结的问题，直接关系驾校能否通过验收及以后的经营成本和效益。

驾校应根据本区域一定时期内对市场需求的预测及行业主管部门的规划确定培训车型。根据培训车型及数量对教练场地进行规划设计、建设。如果场地建设在先，确定车型在后，一旦培训车型与场地不匹配，许多训练项目无法完成，需增加或改造教练场地，造成浪费，建设造价加大。

教练场建设要考虑长远利益，注重实用性和使用时间，不能仅仅为了验收简单投资建设。场地建设不考虑今后实际使用，只顾验收达标短期效益建设，将各个训练项目简单置入场地内，造价看起来是节约了，但后患很多。一旦投入使用后才发现问题，或者场地根本没法使用，会造成最大的浪费。

3 场地安全建设设计

场地安全设计建设在教练场建设中非常重要，会直接影响投入使用后的训练安全。合理的规划与建设，要重点考虑安全，确保今后的训练安全，避免因场地规划设计不合理而导致训练安全事故。特别是场地较小而车辆相对较多的驾校，场地安全尤其重要。

根据《机动车驾驶员培训机构资格条件》（GB/T 30340—2013）要求，同向行驶的教练车，密度应在20辆/km以下。场内道路驾驶教练场道路长度，应满足30%以上的教练车同时训练。如果小型车完成连续障碍、单边桥、直角转弯、侧方停车、上坡路定点停车与坡道起步、限宽门、百米加减挡、起伏路、曲线行驶等训练科目。重复3次以上使用某段道路，这段道路密度过大，超过规定，存在着安全隐患。

训练道路设计应尽量减少车辆行驶可能平面交叉的路口。在实际训练道路多重交叉的情况下，由于学员还没有完全掌握安全驾驶技术，会大大增加危险发生的可能性。

在坡路设计上，尽量避免多种车型公用一个坡道。按《机动车驾驶员培训机构资格条件》(GB/T 30340—2013) 要求，场内道路驾驶教练场单向行车道宽度不小于3.5m，一般按7m宽度设计双向道，中间施划分界线。如果是大型车、小型车使用同一坡道，为了安全要适当加宽车道，并采取分隔设施。如果设计在同一个坡道上进行大型车、小型车的训练，在7m宽的坡道对向行驶上坡时，遇学员驾车压中心分界线行驶，两教练车很容易发生撞车事故，显然这种设计是不安全的。

窄道设计避免逆行，科目设置路宽7m，要求在训练中教练车不允许超出路边线，是车辆行驶本身的需要，任何有逆向行驶的车辆都会有危险发生的可能性。如“限速通过限宽门”、“连续通过障碍”路宽均为7m，许多驾校认为过宽会造成浪费或场地面积有限，为“充分利用”场地面积而在上述科目的训练道路上设置了逆行道，同样存在着危险隐患。

三、购置或新增教练车规划

1 教练车投入

教练车的投入要考虑市场的需求和周边驾校的情况，根据培训量的需求去确定是否增加教练车。教练车的确定主要是车辆数和车型的确定，取决于投资者对市场的信心、教练场的面积和市场的需求等。投资者资金筹措能力强、对市场需求的洞察能力强，而且场地面积足够大，可以加大投放教练车数量。

2 教练车选购

考虑到驾校是一个经营实体，为减少成本，购置教练车时，要注意汽车的可靠性、经济性，尽量选购性能可靠、经济性好、价格低廉的汽车。学员在驾驶操作训练时，会经常性地出现错误的动作，可靠性差的车辆容易出现机件损坏的现象或者经常出现故障，经济性差、油耗量高、维修费用大的车辆会增加驾校经费开支，成本提高。

另外，根据考试需要选用相适宜的车型也是一个很重要的因素，学员一般适应能力差，训练车型与考试车型相差太大，考试合格率会受到一定的影响，考前再进行考试车型的适应性训练，会造成训练成本加大。

案例一：
场地训练路线布置与平面设计

在场地训练项目的实际设置中，应根据项目要求，按照各自的土地规划情况，首先应考虑路面障碍和路面线形的设计应形成一

个有机的整体，即各种类型道路的过渡路段连接流畅，整个考试场的项目设计，依路线不同，应形成不同的组合。通常可设置3种类型的道路：快速道路（主干道）、低速道路和项目专用道路。

快速道路主要用于分配各训练区域（练习单元）来往的车辆，并可设置有关高速训练的项目，如过限宽门、百米加减挡。低速道路主要用于项目专用道路中练习车辆的进出并设置低速通过性障碍项目，如凹凸路、圆饼路、单边桥等。项目专用道路主要用于布置有关倒车、直角或曲线转弯等项目，因为一般倒车项目对所在道路易造成堵塞，应尽可能布置在支线内。

同时，项目设置还应讲究多用性和经济性，注意整合各项目通道的整体服务水平，提高项目设施利用率和整个场地的利用率，以提高整个场地的经济效益。

案例二：

驾校占地面积概算

不提供或者专门提供三轮汽车、普通三轮摩托车、普通二轮摩托车或轻便摩托车等车型培训服务的，一级机动车驾驶员培训机构的教练车总数应不少于80 辆，二级机动车驾驶员培训机构的教练车总数应不少于40辆，三级机动车驾驶员培训机构的教练车总数应不少于20辆。

客、货车教练场和小型车辆教练场总面积与单车道总长度要求见表1和表2。

客、货车教练场地总面积与单车道总长度要求　　表1

培训机构级别	教练场地总面积要求(m^2)	单车道总长度要求(m)	其他要求
一级	≥70000	≥6800	每增加一辆大型车辆，应增加1000m^2；每增加一辆小型车辆，应增加400m^2
二级	≥57000	≥5500	
三级	≥47000	≥4500	

小型车辆教练场地总面积与单车道总长度要求　　表2

培训机构级别	教练场地总面积要求(m^2)	单车道总长度要求(m)	其他要求
一级	≥33000	≥3200	每增加一辆小型车辆，应增加400m^2
二级	≥17000	≥1600	
三级	≥1000	≥1000	

1. 教练场地总面积

按下式计算：

$$S_0=(S_1+S_2)/\eta$$

式中：S_0——教练场地总面积，单位为平方米（m^2）；

S_1——场内训练项目设施总面积，单位为平方米（m^2）；

S_2——场内训练道路总面积，单位为平方米（m^2）；

η——教练场地利用率，平原地区应大于60%，丘陵地区应大于40%。

2. 场内训练项目设施总面积

按下式计算：

$$S_1 \geqslant \Sigma(\alpha_i \times n_i) + \Sigma(1.5 \times \delta_i \times \beta_i \times m_i)$$

式中：α_i——单个训练项目设施的面积，单位为平方米每项（m^2/项）；

n_i——不同车型对应的训练项目设施的数量，单位为项；

δ_i——相应车型教练车长度，单位为米（m）；

β_i——场内训练项目之间缓冲路段的行车道宽度，单位为米（m）；

m_i——场内训练项目之间缓冲路段的数量，单位为段。

计算后的场内训练项目设施总面积见表3。

场内训练项目设施总面积　　表3

序号	项目名称	单个训练项目设施的面积(m^2/项)			
		小型汽车、小型自动挡汽车、低速载货汽车、残疾人专用小型自动挡载客汽车	大型客车、城市公交车、大型货车	牵引车	中型客车
1	倒车入库	200	—	—	—
2	倒车移位	—	1100	500	500
3	侧方停车	90	220	300	140
4	停靠站台	—	560	—	520
5	停靠货台	—	250	450	—
6	坡道定点停车和起步	200	260	260	260
7	曲线行驶	230	580	580	360
8	直角转弯	50	200	350	100
9	通过单边桥	—	140	250	100
10	通过限宽门	—	380	500	250
11	通过连续障碍路	—	380	290	300
12	起伏路行驶	—	40	60	30
13	模拟高速公路	—	5500		
14	模拟连续急弯山区路	—	6700		
15	窄路掉头	—	180	420	180
16	模拟隧道	—	900	900	900
17	模拟雨（雾）天湿滑路	—	360	360	360

3.场内训练道路总面积

按下式计算：

$$S_2 \geqslant \Sigma(\kappa_i - 1) \times \gamma_i \times d \times b \cdots$$

式中：κ_i——各车型教练车数量，单位为辆；

γ_i——不同车型教练车使用系数，大型客车、牵引车、城市公交车、中型客车、大型货车为60%，其他车

型教练车为50%；

d——教练车平均车头间距，按50m 计算，单位为米（m）；

b——车道宽度，单位为米（m）。

4. 教室和档案室面积

教室与档案室面积按表4计算。

教室与档案室面积要求　　表4

教室类型	面积要求(m^2)
多媒体理论教室	单间教室面积不少于$50m^2$，人均使用面积不小于$1.2m^2$； 理论培训每班次人数不得超过120人
模拟驾驶训练教室	教室面积不少于30
计算机教室	教室面积不少于40
教具教室	教室面积不少于30
档案室	教室面积不少于20

新建驾校应考虑哪些主要因素？

（1）规模经济：若所在地区原有驾校的培训已达到一定规模，新办驾校若以较小规模投资，就会处于成本上的劣势地位，若以较大规模投入，则经营风险较大。

（2）经营特色：若现有驾校已树立了较好的形象和一定的品牌，知名度较高。那么，新建驾校要树立起良好的形象并取得学员的信任就要付出相当大的代价。

（3）投资要求：如果对驾校开业条件需求越高，那么对一次性进入投资的需求就越高。而且，对于今后潜在进入者进入的门槛就越高。

（4）政府政策：行政许可证的颁布和土地资源进行严格控制，都会形成新建驾校的门槛。

（5）退出障碍：如果驾校经营不善，所投入的固定资产折现的难易程度，成为准备投资者的退出障碍。

场地设计控制要素

考试车辆的车型划分及外廓尺寸是行政法规规定的考试项目设施几何设计的重要控制因素。在训练场地设计中“设计车辆”是设计所采用的有代表性的车型，其外廓尺寸、前后悬距、轴距、轮距是场地道路设施几何设计、安全净空设计的主要依据。根据我国教练车辆的具体情况，出于经济和实用的考虑，设计考试车辆外廓尺寸是按现有教练车辆车型尺寸进行统计后，满足85%以上教练车型的外廓尺寸。公安部《机动车驾驶证申领和使用规定》对准驾车型和考试车辆类型作了规定。教练车辆按大、中、小型，牵引车，二、三轮摩托车共分为六类。

训练场内道路按照功能划分将有效降低低速项目对整体运行车辆的影响，提高干道车辆运行速度，提高场地使用效率。不同类型道路对应不同的设计行车速度，相应的设计速度是场地道路及项目设施设计时确定几何线形的基本要素。在气象条件良好，车辆行驶只受道路设施本身条件影响时，已基本具有初级驾驶技术的学员在教练员指导下能够安全、舒适驾驶车辆的速度。设计速度一经选定，道路的主要相关要素如转弯半径（平曲线半径）、视距、超高、纵坡等指标均与其配合以获得均衡设计。

道路建筑限界规定了各类型道路的净空范围。其车行道宽度和路缘带宽度比普通道路稍窄，主要是为了适应采用路缘石作为考试行驶路线是否稳定的判据。

讨论：

驾校建设规划应重点分析的几个方面

驾校建设规划要进行稠密的可行性分析研究，“知己知彼，百战不殆”，要充分考虑各种因素，对有利的方面和不利的方面都要综合考虑。尤其要对行业竞争和主要竞争对手的情况及手段做到心中有数，充分研究自身的优势和建设、投资的可行性，不盲目决断，更不能随波逐流，避免投资错误或浪费。

第一，要分析所在区域驾培市场的总体规模和增长速度，所覆盖的地理区域，本地区驾驶员的保有量、近几年的增长情况、学习驾驶的主要群体等。

第二，对驾校数量、类别和空间布局、教练车数量和车辆类型、教练员人数(包括理论教练员和驾驶操作教练员)及其他从业人员数(管理人员等)、教练场地(包括场地驾驶教练场、场内道路驾驶教练场和实际道路驾驶教练路线)、教学设施设备配备情况进行分析研究。

第三，对驾校的竞争情况进行分析，要分析驾校之间在哪些方面存在着竞争。例如：生源情况、社会关系、服务质量、价格、形象以及所占市场份额等。主要竞争对手的经营方式，如其他驾校的规模、人员状况、服务特点、公众形象等。

第四，分析本地区行业发展前景和自身的优势，要分析驾培行业整个发展趋势、增长的潜力是大还是小、利润的前景优劣。自己驾校的规模是否能满足社会需要，存在哪些不足需要弥补和投资，有没有必要投资场地、车辆、设备等。

教练场地设计一般要求

场地规划布局的目的是要将规划构思中的交通组织、训练车流合理运行，通过不同的规划手法和处理方式将建筑、道路、绿地、景观、交通设施、训练设施等有机地组织、安排到场地的最佳位置，做到经济、适用、交通流畅及最大限度地利用土地。为学员和工作人员创造一个良好的、环境优美的训练场地。

同时，场地规划应为学员着想，设置一定的公共服务设施。如登记办手续区、等待休息区、训练等待区等为学员提供方便的设施。如果考虑到远道而来的考生，还应该为他们提供方便舒适的生活服务。如设置一定规模的餐饮娱乐、住宿等设施，使学员能安心、方便、顺利地进行训练。在规划设计中

道路训练与桩训区应严格分开、避免交叉。

场地从整体考虑，地面空间主要由绿色植物、建筑、景观、道路、考试设施、必要的交通设施及工艺照明灯具等组成。那些有碍观瞻的设施应尽量隐蔽。有条件的地方可以考虑规划设计公园式、花园式的训练场地，为考生创造一个优美、愉快、轻松的学驾环境。

场地设计应处理好场地与自然地形的协调，尽量尊重环境、利用环境。与相邻道路及建筑出入口的衔接在不违背城市道路设计规范的前提下，尽量减短引道长度，尽量减缓引道坡度。为保证人员活动路线不干扰考试，同时也为人员的安全着想，应在训练区的人员活动区设置有一定安全性能、能起到引导和分流作用的安全设施，如栏杆。

场地通道与道路出入口处布置的建筑、景观、绿色植物及其他设施等不能妨碍双方驾驶员的视线。在多山及丘陵地区规划场地，应与其他相关专业密切配合进行设计，尽量平衡挖填土方量。做到尊重自然、保持生态、体现地方特色。

建筑布置与设计应符合相应的建筑设计规范，这里主要指：《民用建筑设计通则》、《建筑设计防火规范》、《工程建设强制性条文标准》及其他的专用建筑设计规范。新建临街建筑应符合当地规划部门的要求。而要求建筑布置距场地内相邻道路边缘和场地边缘应不小于2m。主要是考虑到车辆若出现意外事故时与建筑有2m宽的缓冲地段，能对建筑起到一定的保护作用。同时也考虑建筑内人员出入可设一定长度的缓冲引道以保证人员安全。

训练场地由于学员操作不够熟练，驾驶车辆在行驶过程中经常碾压路缘石而造成的破坏。所以考场道路与普通城市道路应有所区别，在路缘石设计中应考虑路缘石一边和自然土壤相接部分易被破坏这一特殊情况。

有条件时，屋顶可作绿化。停车场场地应采用不妨碍草皮生长的绿地砖铺设。对视距有要求的地方不应设置高大密集的植物，应种植低矮的灌木、草皮、花卉等以保证行车安全。

竖向规划设计应针对山区和丘陵地区，应综合利用地势、地貌及地质条件因坡就势合理布局场地、道路、建筑、绿地及顺畅排出地面水。道路、建筑布置尽量不要改变现状等高线的分布规律。各种管线力求与道路一样顺坡定线。力争保持原地形、地貌。道路、建筑尽量沿自然等高线布置，做到挖填土方平衡。当场地内的地面坡度较大时，地面水对地表土壤及植被冲刷严重加剧，这时，场地、道路、建筑布局都应考虑诸如截水沟之类的保护防范措施。

公安部、交通运输部关于驾驶技术分阶段培训与考核的规定和有关项目的设置要求为考训场地设置内容制定了基本框架，驾驶技术理论与交通工程理论为合理设置各项目设施提供了理论依据。

对于汽车驾驶技术的基本控制能力和综合控制能力两方面，其技术形成和评价考核各可以分为三个阶段。其中基本控制能力的三个阶段为：

(1) 操作五大操纵机件的单个动作的评价；

(2) 初步掌握车体感觉，以基本控制能力为主的评价；

(3) 综合运用五大操纵机件操作动作协

调配合与完善程度的评价。

综合控制能力的三个阶段也可以分为：

（1）单个交通情况的处理水平检验；

（2）综合交通情况的处理水平检验；

（3）实际交通环境中运用驾驶动作技能处理交通情况的能力检验。

根据上述驾驶技能形成的阶段原则，结合我国及经济发达国家在用的培训考试项目设施，可以确定汽车训练场地可设置的项目。

按照基本控制能力的表现形式来考虑场地训练项目的设置内容见表5。

基本控制能力分析与场地训练项目设置 表5

基本控制能力				训练科目	场地设置内容
操纵件的使用	加速踏板、离合器踏板、驻车制动器的配合			上坡起步	坡道
	加速踏板与制动踏板的配合			通过凹凸路、上下小平台	凹凸路、小平台
	制动器的使用			定点停车	行车道
	转向盘、制动器的配合			湿滑路面制动	淋水路
车体感觉与行驶方向	平面感觉	前进	行驶方向与行驶路线	直线与曲线行驶	曲线弯道
			车轮行驶位置	通过单边桥	条形台阶
			内轮差的判断	直角转弯、圆饼路	直角弯道、小圆台
		后倒	曲线行驶	侧方停车	侧方停车位
			转弯	支线倒车	支线车道
	空间感觉（前进、后倒）			桩考、过限宽门、掉头	桩位、吊杆、标线
	跟车速度感知			50km/h或70km/h跟车	场内主路段
模拟驾驶体验	通过收费站、匝道和行车道驾驶			模拟高速公路驾驶	模拟路段
	山区急弯路对车辆的控制			模拟连续急弯山区道路驾驶	模拟路段
	隧道内灯光、鸣喇叭操作			模拟隧道驾驶	模拟路段
	雨雾天气车辆的控制			模拟雨（雾）天驾驶	模拟路段
	湿滑路面车辆的控制			模拟湿滑道路驾驶	模拟路段
	紧急情况出现时车辆控制和临危处置			模拟紧急情况处置	模拟路段
	通过人行横道、路口、学校区域、居民小区、公交车站、医院、商店、铁路道口的操作			模拟城市街道驾驶	模拟路段

按照综合控制能力的表现形式来考虑场地训练项目的设置内容见表6。

综合控制能力分析与场地训练项目设置表 表6

综合控制能力	训练项目	场地设置内容
(1)车辆速度控制	直线行驶、跟车行驶、变更车道	>200m的双向4车道道路，>200m双向2车道道路，>2000m模拟高速公路
(2)车辆相对运动判断与控制	会车、超车、让超车	直线距离>200m的双向2车道道路

续上表

综合控制能力	训练项目	场地设置内容
(3)对交通信号的遵循	按照信号灯、标志、标线规定行驶	交叉口信号灯，不同限速标志、标线
(4)平面交叉口情况处理	不同交叉口直行、右转、左转，合理通过铁路平交道口	双向4车道标准平交路口，主次干道平交路口，环形交叉口，模拟铁路平交口
(5)立交桥通行规则的遵守	通过立交桥左转、右转	模拟立交桥（部分苜蓿叶形或叶形立交桥）
(6)车辆停放	临时路边停车、停车场前进停车、后倒停车	平行式、垂直式、斜列式停车位
(7)险情预测与车辆控制	通过人行横道、下坡弯道、视线不清路段等情况下的预见性驾驶	有行人通过的人行横道，5%～8%的下坡转弯道，视线受阻的平交道口
(8)夜间驾驶	夜间道路驾驶，车辆远、近光灯的使用	场地道路照明设施，无照明设施单向行驶道路

注：场地设置项目通常不少于18项。

道路驾驶训练内容主要是训练学员综合控制车辆的能力，它主要包括3个方面：

1. 在实际道路上，正确操纵驾驶机动车的能力

即在实际交通状况下对车辆的基本控制能力。这实际上是一种心理适应性检验。因为有一些学员，他们在模拟状态下如场地驾驶、模拟驾驶练习设备进行操作时，总认为这种驾驶是“假的”，于是在一种心理压力很小的状况下操作，操作完成的非常优秀。而一旦进入实际交通状况，他们就意识到这是“真的”，“真的”就可能要出事……这种意识过于强烈时，便形成驾驶操作的心理障碍，从而不能完成本以熟练的动作。所以道路驾驶训练，即综合控制能力的训练，不可全在练习场中进行。

2. 遵守交通法规行驶的程度

行车过程中的遵章守法是一个驾驶员良好的思想品德和行为的直接体现，也是维护正常交通秩序，保障大多数交通参与者的共同利益的工作基础。

3. 观察、判断、预见道路交通情况，合理运行的综合控制车辆的能力

学员行车过程中对随机出现的交通情况的应变能力的训练。

训练一个学员的驾驶技术好坏，不应只从其操作技能的熟练程度来考虑，而应从包括交通安全意识和安全行为的全面情况进行。该项内容对于一些具有规模较大、有一定交通量、道路交通设施（信号灯等）完善的训练场地，可以考虑将实际道路驾驶纳入场地考试内容。

不以规矩　不成方圆

驾校的制度化管理

古语说："没有规矩，难成方圆"。这就是说，做任何事都应有一定的准则约束，否则是做不成事的。在现实管理中的准则约束就是制度，良好的驾校制度，是驾校正常运行的保障。驾校制度化管理，就是按照一定的制度来经营管理驾校。驾校出资人以契约方式奠定了驾校制度的基础，驾校制度也决定了驾校本身及其内部机构的行为规则和员工的行为规范。另外，驾校的运行必须有序化，做到有序化，就必须要有内在约束，这种内在约束也就是驾校管理制度。

驾校管理制度包括产权制度、行政管理制度、教学管理制度、教练员管理制度、学员管理制度、教练车管理制度、培训制度、结业考核制度、培训预约制度、诚信承诺制度、评估制度、后勤保障制度、安全制度等。

实现驾校的制度化管理，就是要在驾校内建立以制度管人、以制度管事、以制度按程序办事的机制，形成"有章可循，有章必循，令行禁止"的氛围，实现驾校规范管理和做强做大的目标。

一、驾校制度建立与考核

1 驾校制度建立的原则

制度化管理首先要求驾校有完善、严密、成体系的管理制度,凡事均应做到有章可循。管理制度的制定过程,让不同层面的代表参与，进行充分的讨论,使制度的产生经过"协商—起草—修改—试行—再修改—颁布"的过程。在制度建立过程中主要遵循以下原则:

（1）制度建立必须从驾校的根本需求出发,并且与驾校最本质的目标相联系。事关驾校生存的各种问题，必须以制度加以明确规范。

（2）制度作为公正的体现，要求形式和内容的公正、公平性。要使制度约束下各直接参与者的利益得到平衡,在其形式上是对利益的制约,内容上有一定的心理承受限度,体现权利与义务的对等。

（3）制度出台必须有一个公正的程序，不能朝令夕改,出口成规。制度一旦出台，就必须严格执行，自觉遵守。

（4）制度监督执行部门在监督制度执行过程中，要根据每个人在企业中所处的地位不同,做到完全公正和无歧视性，保证制度的严肃性。

2 制度培训及考核

抓好制度的贯彻和落实工作，要通过制度培训及考核,体现制度的约束力,把遵守制度变为每个干部职工的自觉行动,变人管人为制度管人。这样才能使驾校制度深入人心,才能

够让驾校的制度真正执行起来。

通过职工大会、宣传栏、知识竞赛等各种形式组织员工认真学习讨论，提高对管理制度的认识。通过制度学习考试、年终工作考评，使员工进一步熟悉和了解各项工作的内容和要求，明确自己的岗位职责和工作责任，掌握各项工作的基本程序和标准。

考核是检验制度落实情况、评价制度是否合理可行和便于操作的方法。在考核的过程中绝不能走过场，流于形式，而是应该把考核细化、量化和常态化，并建立考核档案，使各项制度的考核真正落到实处，不漏过一个管理和考核对象。有了考核这个监督机制，将所有的制度考核纳入绩效考核的范畴，在绩效考核中，对员工违反制度的各种行为进行奖惩，并在劳动报酬和精神层面进行体现。

驾校上下都要认真遵守执行各种制度，每个人既是制度执行者，同时又是执行制度的监督者，使驾校上下形成一个制度管理的立体网络，使各项制度真正落到实处，真正发挥制度管理的作用，从而确保其他工作的全面进步。

二、驾校制度管理

1 制度化管理与人本管理

驾校作为服务主体，只有做到诚实守信、以人为本，才能真正赢得学员的尊重和社会认可。驾校人本管理要通过制度化管理体现出来，这样人本管理才能落到实处，制度化管理也才能成功。二者应该是结合在一起的。因为管理需要一定的制度，而现代管理强调制定的管理制度要以人为本，调动人的积极性和创造性，挖掘人的潜力。

驾校制度也要体现文化，在制度制定及执行过程中从实际出发，符合时代特征和价值规律。小到员工的着装举止，大到驾校的质量信誉体系，都应进行详细的规定。如在教练场地设置温馨提示牌，要求员工、学员及外来人员遵守驾校的制度，确保自身安全及他人安全，实实在在的体现以人为本的价值观。

2 驾校制度管理的优点

在驾校的经营管理过程中，遵守法律法规，是应尽的责任和义务。而驾校所建立的

各种制度以及其他的带有契约性的各种内部规定，是驾校的内部“法律”。驾校制度化管理就是驾校的法制化管理，可以使驾校更有活力，更有发展前景，更能吸引优秀的人才，也能使驾校走向更大的辉煌。驾校制度化管理的优点体现在以下6个方面：

第一，在制度面前，员工人人平等；同样的问题，都应用同样的制度来最终解决。这样，公平就会由“人人期待”变成了“人人可见”。比起人治管理来，制度化管理不仅比较稳定，而且更加原则，更加公正，也更能服众。

第二，可将驾校管理者的智慧和吸取其他先进经验转化成为驾校众多员工遵守的具体经营管理行为，形成一个统一的、系统的行为体系。

第三，能够发挥驾校的整体优势,使驾校内外能够更好地配合，可以避免由于员工能力及特点的差异使驾校经营管理产生波动。

第四，为驾校员工能力的发挥创建了一个公平的平台，不会因为游戏规则的不同、评分标准的不同，对员工努力的评定产生大的误差。

第五，有利于员工更好地了解驾校，能够更好地规范驾校工作流程和职责，让员工能够在其中找对自己的位置，有法可依，使工作更顺畅。

第六，有利于驾校员工的培训和自我发展,驾校员工有统一的标准可供参考，自己明了自己工作需要达到的标准，能够对自己的工作有一个明确的度量，可以发现差距，有自我培训发展的动力和标准。

3 驾校的激励机制

驾校的激励机制应该是一个体系，对象首先是驾校的产权代理人，也就是驾校的经营者（主要是职业经理人），其次是教练员及其他工作人员。由于驾校教学对象层次多样性和教学组织的特殊性，若要充分调动经营者及其员工的积极性，必须建立和不断完善激励机制。

激励机制的核心是责、权、利的统一，但在责任、权力、利益这三者关系中，权力、利益是激励，责任是约束。如果只有权力和利益而没有责任，会造成对权力和利益的无限追求，管理就会失控。如果仅仅有责任而没有权力和利益，就会没有活力。机会留人、事业留人、情感留人，都不如激励机制留人那么直接。

激励机制要充分发挥作用，最直接有效的方法就是采用绩效管理，实施责任到人的绩效考核。同时，在设立绩效考核目标过程中，员工要参与决策，务必保证考核目标的有效性和可行性。

三、驾校产权管理制度

1 驾校产权主要组成形式

从目前驾培市场的组成分析，民营驾校成为驾培市场的中坚力量。民营驾校的组成主要有以下3种形式：一是由个人直接投资或从个体户起家，逐渐积累发展起来的家族式驾校；二是由家庭成员或朋友、同事参股合资开办的合伙驾校；三是国有或集体驾校通过个人或合伙买断转型的驾校等。在经营方式上，采取出资人个人直接经营或合伙人共同经营，也有聘用职业经理人委托经营。但无论哪种组成形式和经营方式，许多驾校管理者对驾校的产权认识还是比较模糊，对驾校产权制度建设的差距就更大了。

2 合伙制产权

产权制度是合伙制驾校经营管理中最根本的制度，对于驾校持续发展而言，产权制度的建立和完善非常重要。产权问题最为突出的在合伙制驾校中。这种类型驾校在目前的民营驾校中占了相当的比例，而且，其中许多是有希望做强做大的驾校。对于这种家庭式驾校，认为反正都是一家人，“肉烂了也在锅里”，建立之初就没有产权意识。对于几个志向相同的朋友合办的驾校，开始时合伙者之间的情重于法，一心扑在创业上，没有注意产权问题。但是这样的驾校一旦成功，问题就出来了。在合伙之初，每个人的投资不同，在驾校中的作用也不同，到底按什么进行分配，难免有分歧。或者合伙者对未来经营方针有不同看法，决策时到底谁说了算会引发冲突。其结果，或者是由于内部产权争，执兄弟反目，朋友成仇人，驾校衰落；或者四分五裂另起炉灶，一个有发展前途的驾校被毁灭了。

3 股份制产权

产权股份化就是要在驾校内部明确各个合伙人的产权，这是驾校做强做大的必由之路。驾校股份化的最大优点是产权明晰，谁在驾校中拥有多少所有权由股份代表。股份的多少也决定了在驾校中的权力与利益，当然，也代表着承担风险的大小。只有在产权

明晰的条件下，才能建立有效的管理运行机制，所建立的董事会才能真实有效。股份制驾校可以由主要股东出任校长，也可以由职业经理人出任校长。无论什么人当校长，在董事会与校长之间必然存在着委托与代理关系。

要让产权的明晰带来效率，使股份制驾校有效运行，就需要一套切实可行的激励与监督机制。合伙驾校应该从自己的特点出发，确立不同的激励与监督机制。激励机制的核心是责、权、利的统一，但是在这个共同原则之下，不同的驾校有不同的做法，很难有什么共同的模式。激励与监督机制是一套人人必须遵守的制度，也是驾校内部活动的游戏规则。权力导致腐败，绝对的权力导致绝对的腐败。一个没有正规产权制度，由校长一人说了算的驾校，可能是短命的驾校。

四、驾校的教学管理制度

1 建立教学管理制度的必要性

教学是驾校的中心工作，教学管理工作是驾校管理中的重要环节，驾校必须建立科学的教学管理制度，才能提高驾校教学管理工作的有效性，提高教学水平，确保教学质量。

教学管理制度是教学管理体系和教师教学的行为准则的总和，包括教学思想管理、课程计划管理、教学过程管理、评价与考核管理、教研科研管理和教学行政管理等驾校教学管理制度。

2 驾校管理制度的建立

教学管理制度，是为驾校教学管理提供指导原则和工作基础，在教学过程中实施有效的科学管理，保障教学系统有效运行的组织形式和行为规范。

建立教学管理制度，驾校围绕教学管理制度化体系，健全驾校教学管理机构，明确管理职责，科学制定教学规章制度，加强各项教学工作规范建设，使教学的各个环节有章可循。可以大大促进教学质量的提高，教和学双方均可以按照有序的活动方式进行，充分发挥驾校教学管理的有效性，从而提高了管理的效率，使驾校教学管理走上制度化、规范化、现代化的轨道。

3 驾校教学管理制度的内容

教学管理制度，是为驾校教学管理提供指导原则和工作保证，在教学过程中实施有效的科学管理，保障教学系统有效运行的组

织形式和行为规范。驾校教学管理制度应包括落实教学大纲的措施，教学实施计划的制订、检查，驾驶培训记录的使用和管理以及教学质量评估等规定。

驾校教学管理制度是教学管理体系和教练员教学的行为准则的总和，包括教学思想管理、课程计划管理、教学过程管理、评价与考核管理、教研科研管理和教学行政管理等驾校教学管理制度。

案例一：

培训部主任酒后开问题车闯红灯酿成惨剧

一辆皮卡车驾驶员醉酒驾车闯红灯，致检查站的民警1人死亡，3人受伤。肇事驾驶员竟是某驾校的培训部主任。据警方调查，事发当时，交警总队路口该车行驶方向正亮着红灯。肇事车非但没制动，反而加速向前冲，冲进了交警支队检查站隔离区域。经检测，肇事车驾驶员的血液酒精浓度达165mg/100mL，而醉驾标准是80mg/100mL。鉴定报告显示：事发时，肇事车车速为71～78km/h，超过该路段限制车速60km/h的标准。这辆肇事皮卡车是一辆未按时年审、无牌照、无保险的“三无”问题车。

肇事驾驶员事发当天下午1:30学员考完试，于下午2:30开车接学员回校后，跟驾校一名教练员及9名学员来到南湖路一家火锅馆吃饭。这顿饭一直吃到下午5:00时许，席间众人喝了两瓶500g装的52°白酒以及一些啤酒。饭后，肇事驾驶员驾车去巴南区八公里加气站给车加气，途中发生车祸。事发次日，肇事驾驶员被南岸区公安分局以交通肇事罪刑事拘留。2008年4月29日，经南岸区人民检察院批准，肇事驾驶员被公安机关以交通肇事罪依法逮捕。市公安局、交管局和市道路运管局28日做出决定：发生重大交通事故的驾校停业整改半个月。

该案例给我们什么启示？一名驾校培训部主任，醉酒（接受学员宴请）后驾驶问题车超速、闯红灯，造成民警1人死亡、3人受伤。血的教训告诉我们，制度意识淡漠，将法律法规和驾校制度视为儿戏，是造成该惨剧的直接原因。驾校培训部主任应该是遵守法律法规和驾校制度的表率和监督者，但成了反面的“表率”，等待他的将是法律的严惩。但对于所在驾校、亡者和伤者的家人及自己的家人所带来的伤害，又怎样衡量呢？因此，驾校坚持制度化管理，也就是坚持理性管理和规范化的管理，这是驾校提高竞争力的必由之路。

案例二：

驾校陷入股东纠纷殃及300多学员

某驾校由于股东间的纠纷，殃及学员，陷入危机，300多名学员每人交了4000多元钱的培训费，却迟迟不能上课，有的学员甚至不能参加路考。学员纷纷抗议，要求尽快解决，但由于内部产权问题，迟迟解决不了。

该校校长表示："学校目前的情况，是学校的法定代表人张某造成的。张某是常州罗溪人，今年50多岁。经朋友介绍后，大家合伙办驾校。在驾校招最高峰时，合伙人一共投入了1000多万元，可张某从头到尾一共只投入了60多万元。考虑他前期做的工作，合伙人算他投入120万元，持有31%的股权，并同意他做公司的法人。去年年底，合伙人通过土地抵押贷款到了900万元，结果张某截下了300万元。"

驾校的另一名大股东说："贷款来的钱本来是用来扩大驾校经营、增加教练车辆的，一下子被他拿走300万元，对正常运作打击很大。不仅如此，张某还跑到公司会计处，说自己是法人，有权持有驾校公章，要走了驾校公章及财务专用章。结果我们学校每次要用到公章，都必须一次次地给他打电话。"

驾校的法定代表人张某说："自己之所以将原本保管在会计处的公章拿过来由他保管，有两个原因。第一是驾校开办大半年来，没有进行审计，自己看不到财务报表。第二，驾校账目上原本有300万元资金，如今公司账目上查不出来。这些疑问，自己作为最大股东当然应该调查清楚。"对于引起股东间争议的300万元，张某表示，这300万元并不是他个人拿的。"那是经过董事会讨论后形成的决议，300万元是由我保管。"

由此可见，在办驾校合伙之初，每个人的投资不同，想得到的利益和在驾校中的作用也不同，如果没有产权意识，在到底按什么进行分配，难免会出现分歧，引发冲突。结果，由于内部产权争执，兄弟反目，朋友成仇人，驾校衰落，遭殃的是学员。

案例三：

驾校教学管理制度

（1）驾驶培训教学严格执行《机动车驾驶培训教学与考试大纲》；

（2）理论教学使用统编教材，严格执行规定的教学目标、教学内容和学时；

（3）驾驶操作教学严格执行教练计划和教练路线；

（4）校长每周一次、总教练每周三次检查学员的操作水平、组织纪律、安全情况；

（5）教练队可根据需要不定期召集学员座谈会，了解情况、吸取意见、改进工作；

（6）教练员要认真填写教学日志，以作为对教练员平时的检查考核依据；

（7）理论课、驾驶操作课均按阶段进行考核，考核意见由考核员签字；

（8）每阶段考核结束后，应认真填写培训记录；

（9）总教练在每期培训结束后做好本期教练工作总结，并提出下期训练计划。

讨论：

驾校制度化建设存在的问题

目前，驾校的制度化建设基本可分为4种状况：一是制度不完备；二是制度完备，但不严格执行；三是制度完备且严格执行；四是制度被高度认同且严格执行。不同的制度状况会产生截然不同的结果。缺乏制度约束的驾校肯定是混乱的驾校；而对于一些驾校，如果有制度而不严格执行，驾校将会在学员面前失去信誉，管理者在员工面前失去威望，驾校内部也将陷入虚伪、投机与混乱的状态。驾校制度化建设存在的问题及原因是多方面的，既有主观方面的，也有客观方面的，就存在的问题而言主要表现在以下4个方面：

第一，意识的问题。驾校作为一个企业，往往重视经济效益的高低，而忽视了制度化建设以及制度执行方面的作用。有的驾校认为制度是摆设，许多制度的出台会制约利润的增长，是吃亏的；还有的认为制度的条条框框都有局限性，限制过多不利于工作的开展；即便是行业管理要求驾校必须设立的制度，虽然也设立了，也只是摆摆样子，应付检查，根本就不想执行。这些认识的存在，是制约驾校制度化建设的重要思想障碍。

第二，制度存在的问题。驾校往往只重视制度的强制性，忽视制度的系统性、长效性和规范性。驾校的许多制度是领导以自我为中心制定的，员工认为制度的制定是领导的职责，缺乏集思广益、听取和采纳广大员工的意见和建议。这样制定的制度“刚性”太大，往往会受到员工的抵制，不利于驾校发展壮大。某些驾校的制度建设是头痛医头、脚痛医脚，制度往往有单个针对性，看似制度全面，但从整体制度的建设来看，只能算是应急措施，相互之间存在矛盾，不利于驾校的长远发展。

第三，可行性的问题。某些驾校的制度采用“拿来主义”、照抄照搬，缺少可执行的实施细则。已经出台的制度对于执行人的行为要求比较笼统，缺乏“以人为本”的理念和具体内容，原则性较为模糊，内容过于教条，执行起来随意性和弹性较大，致使许多制度成为摆设。因此，可行性差的制度会失去约束力，很难调动员工的积极性；相反，人性化的制度更便于接受和执行，能更大激发广大员工的积极性。

第四，监管的问题。有些地方行业主管部门监管力度不够。作为监管者，为规范驾培市场会出台一系列文件，其中必然会有要求驾校制定相关规章制度的规定，监管者以此来鉴定驾校的资质。殊不知，驾校的这些制度只是停留在表面上的东西，缺少可操作性。另外，行业主管部门过分看重纸面上的东西，缺少执法手段，很少对制度的执行情况和过程进行监管，这也是导致驾校制度执行不力的重要因素。

什么是教学管理制度？

简单地说，教学管理制度就是保障教学系统有效运行的组织形式和行为规范。用外延方式来下定义，教学管理制度是教学管理体系和教师教学行为准则的总和，它包括教学思想管理、课程计划管理、教学过程管理、评价与考试管理、教研科研管理和教学行政管理等。驾校教学管理制度应包括落实国家统一的教学大纲的措施，教学计划的制定、实施和检查，驾驶培训记录的使用和管理以及教学质量评估等规定。

为什么要建立驾校教学管理制度？

驾校教学管理制度化的形成过程，符合人们对事物内在规律的认知过程。驾校教学管理工作人员首先在大量实践的基础上，获得了对驾校教学管理的感性认识，形成了一定的理论总结与分析。但是在理论分析过程中，驾校教学管理工作人员又常常会发现原来初始实践中某些内容的缺陷，这就促进驾校教学管理工作人员对驾校教学管理工作的某些内容进行再认识、再分析、再归纳实践结果，并把这些成果补充到原来的认识之中，完善驾校教学管理从感性认识到理性思维的过程。经过多年的实践、认识、再实践、再认识，逐步建立起驾校教学管理制度化体系，这种在理论指导下的驾校教学管理工作，可以在以下几方面明显发挥作用：

（1）使驾校教学管理走上制度化、规范化、现代化的轨道。驾校教学管理工作人员应围绕驾校教学管理制度化体系，建立健全驾校教学管理机构，明确管理职责，科学制定教学规章制度，加强各项教学工作的规范建设，使教学的各个环节有章可循。

（2）提高驾校教学管理工作人员素质。驾校教学管理队伍的素质水平是实现制度化、现代化管理的关键。在驾校教学管理制度化体系形成的过程中，驾校教学管理工作人员应加强制度化意识，主动依靠和利用现有的科学方法、现代化科技手段，提高驾校教学管理的有效性。驾校教学管理工作人员还应学会运用科学的方法去分析问题、解决问题，不断地学习社会科学的理论，掌握现代化管理方法，认清驾校教学管理的内在规律，在实践中学会科学管理，并从经验管理的模式中解放出来。

（3）可以大大促进教学质量的提高。在制度化体系的保证下，教和学双方均可以按照有序的活动方式进行，而且活动的双方可以充分有效地发挥其主观能动性，这也就充分发挥了驾校教学管理制度的有效性，从而提高了管理的效率。

怎样实现驾校的制度化管理？

制度是保证驾校各项业务正常运转的轨道，是驾校调控其内部各种关系的有效工

具。制度的制定到执行整个过程中都应体现出公正的内涵，体现驾校的根本需求，这样才能使驾校制度化管理真正成为推动驾校发展的强大动力，成为不断提高驾校竞争能力的利器。不同的制度及执行情况会产生截然不同的效果。好的制度可为驾校的稳定起到“锚固效应”。此外，规章制度并非越多越细就越好，关键是管用、实用，改变传统的人治管理。

制度至关重要，但建立了符合实际的制度，还必须建立与之相适应的考核制度。考核是检验制度落实情况、评价制度是否合理可行和便于操作的方法。考核工作也需要建立制度，进行规范，而且必须要更加标准、更具操作性。在考核的过程中绝不能走过场，流于形式，而是应该把考核细化、量化并建立档案，使各项制度的考核真正落到实处，不漏过一个管理和考核对象，确保制度的权威性、严肃性。

驾校要认真落实各种制度，建立考核监督管理机制，使各项制度真正落到实处,真正发挥制度的管理作用。驾校的每一个员工既是制度的执行者，又是执行制度的监督者，因此，在制度的落实和考核过程中应使驾校上下形成一个制度管理的立体网络。将所有的制度考核纳入绩效考核的范畴，对员工执行和违反制度的各种行为进行奖惩，规定并在劳动报酬和精神方面进行体现。驾校应通过不断强化和完善制度建设，以适应未来市场竞争的客观要求，真正实现驾校制度化管理。

延伸阅读：

某驾校完善教练员考核，保证培训质量的做法

某国内知名驾校把教练员作为驾驶员培训工作的主体和学员素质教育重要的实践者，主动建立和完善教练员考核体系和退出机制，加强教练员队伍的作风建设，不断提高教练员队伍综合素质，使教练员队伍成为保证培训质量和培训安全的关键，增强了驾校在驾培市场的综合竞争力。其具体做法是：

（1）加强综合素质考核，严把教练员进校关。为从源头上选拔出职业素质良好的教练员，驾校对拟聘用的教练员进行培训和考核，由考核领导小组进行综合评定，优胜劣汰，这样就优化了教练员队伍。驾校本着“用一流的管理造就一流的队伍，用一流的队伍创造一流的业绩”的管理方针，逐步形成了优良、稳定的教练员队伍。

（2）完善考核体系，实施奖惩机制。为进一步增强教练员的责任感，驾校每月对教练员的教学工作开展全方位的考核，并在考核体系中突出学员评价比重，形成了科学的考评机制，进一步强化了教练员保质量、重服务和安全的意识。教练员的日常考核分为以下6个方面。

第一，学员评价考核。学员对教练员评价考核共有3种方式，一是训练结束后的课时评价；二是《学员意见卡》评价；三是驾校服务网评价。

第二，施教安全考核。为提高教练员的安全意识，自觉遵守《道路交通安全法》，

为人师表，礼貌施教和驾车，在培训过程中保持充沛的精力，正确处理道路交通情况，对教练员的施教安全实行考核。发生有责事故除按事故大小扣除当月至半年安全奖及事故30%经济损失外，在半年绩效考核中分3个层级减扣考评分数，强化了对教练员的施教安全管理。

第三，车辆维护考核。为保持教练车完好的技术状况和清洁，培养教练员勤检查、勤维护的良好习惯，在训练前、训练中、回校后必须开展例行检查工作，对日常检查中发现的故障及时维修，做到不带“病”行车，保证教学安全。教练员对保管的教练车负有“检查、维护、清洁、完好”的责任，并由安全技术处每月对教练车进行检查和考核，增强了教练员对教练车维护、清洁的责任心，为培训安全提供了车辆技术保障。

第四，违规违纪考核。为使教练员自觉遵守职业道德和各项管理规定，树立“服务至上，质量第一”意识，学校制定了违规违纪考核规定，这对教练员在培训过程中的违规违纪、态度生硬、言行不文明等行为起到了有效的制约作用。

第五，培训质量考核。为把好场地内驾驶训练和实际道路驾驶各阶段的质量关，驾校制定了考试合格率的考核体系，对教练员培训的学员各科目考试合格率进行考核，并依据合格标准当月向教练员核发质量奖。对达不到规定合格率的教练员，扣除当月质量奖。完善的质量考核机制，促成教练员队伍形成了良好的重视培训质量的氛围，推动了驾校培训质量的稳步提高。通过培训质量的考核，教练员队伍真正树立了“质量第一”的思想，此思想在培训过程中得到了充分的体现，并形成了良好的发展态势。

第六，其他部门考核。为充分反映教练员在各项工作的全面表现，给予了报名处、校办、后勤处、安全技术处等部门特别考评权，每个部门给予特别加减分考核的名额不超过10人，加减分值不超过±1分。

（3）星级教练员评定。星级教练员的评定工作每年进行两次，分为一星级、二星级和三星级教练员，获得星级的教练员在下一个考核周期内，享受驾校每月给予的100～200元奖励。星级教练员评定设置了1～3年的在校执教年限。考核分值在60分（不含）以下的教练员待岗3个月，领取待岗工资，接受驾校再培训，达到上岗要求后，重新安排上岗。否则，予以劝退处理。

驾校以学员为关注焦点，紧紧围绕提高培训质量的目标，形成了完善的质量考核体系，提升了驾校社会信誉和学员的满意度；通过科学管理和考核，提高了管理效率，降低了管理成本，增强了驾校在驾培市场的综合竞争力。

安全责任　重于泰山

驾校安全管理与教育

安全管理是驾校管理工作的关键环节，安全教育是驾驶员培训的重要内容。“关爱生命、安全第一，预防为主”始终是驾校做好驾驶员安全教育活动和安全隐患排查治理工作的指导思想。加强驾校的安全管理，完善安全与教育体系，建立交通安全宣传阵地，落实科目一培训的内容和学时，提高学员的安全意识，将安全、文明驾驶常识教育纳入驾校培训，确保教学安全，都是驾校管理与教育的重中之重。

一、驾校的安全管理制度

1 安全管理的重要性

经济效益是驾校生存的基础，而驾校安全管理与驾校经济效益息息相关。驾校的安全管理，从广义上讲是营造安全教育的氛围，推行素质教育工程，学员从进校就开始接受安全知识，将安全教育、道德教育贯穿于教学的始终，为社会培养安全、文明行车的驾驶员，这既是驾校的社会责任，也是驾校的信誉和社会效益的体现。从狭义讲，驾校任何安全事故的发生，都会给驾校带来名誉上和经济上的损失，有的甚至是灭顶之灾。因此，无论是广义还是狭义的安全管理，驾校的安全责任重于泰山。

“安全无小事”，所有的安全制度和法规都用一个个血淋淋的事实来写成的。驾校只有搞好安全管理，才能树立良好的社会形象，赢得市场，吸收更多的学员。驾校伤亡事故不仅会给个人和家庭带来痛苦，同时也给驾校造成巨大损失，使驾校的社会形象受到严重影响。所以要树立驾校形象、赢得市场，必须搞好驾校安全管理，否则将直接影响驾校的经济效益。

2 安全管理制度的建立

驾校安全管理的目的就是创造安全的工作环境，提高全员的安全意识，最大限度地减小伤亡事故，确保教学和训练过程的安全，促进驾校经济和社会效益增长。要在驾驶员培训过程中，让教练员和学员牢固树立安全驾驶意识，贯彻落实安全驾驶的指导思想，则必须建立一整套行之有效的管理制度和措施。驾校安全管理制度包括安全学习与教育制度、教练员安全管理制度、教练车安全管理制度、学员安全管理制度、教练场安全管理制度、车辆维修安全管理制度、学员

宿舍安全管理制度、预警性危机管理、事故应急预案等。

安全管理重在细节管理，尤其是培训过程中针对细节的安全制度的建立与完善。驾校应从细节上对驾校的安全制度进行规范与完善，将制度贯穿于各个细节，形成良好的安全氛围，让安全成为一种习惯。如提出：教练员必须坚守岗位，随车指导，不得擅自离岗；强化教练场内安全管理，无关人员不得进入训练区域或上车训练，待训的学员必须在学员等待区或学员休息室观摩；不得随意搬动、损坏车辆及场内的安全设施；教练车必须按指定路线、规定时间行驶；教练车辆只能用于教学，不能挪作他用；晚上收车后，必须按指定位置停放，关好车门车窗，钥匙必须及时交回基地办公室统一保管；注意高温期间培训安全，年龄大、体质差的教练员要注意休息；对于一些年龄大的学员，

尽可能避开高温驾车训练，练车时间不宜过长；严禁酒后开车。

3 驾校预警性危机管理与危机处理

驾校预警性危机管理是指当驾校面临与社会大众或学员有密切关系且后果严重的重大事故时，为了应付危机的出现，在驾校内预先建立防范和处理这些重大事故的体制和措施的总和。

驾校预警性危机管理是驾校管理者必须掌握的一门新的管理技术，它以驾校危机的出现为出发点，分析驾校危机的产生和发展过程，探讨危机的预防和化解的对策，其主要目的是试图识别、预测潜在危机，预先做好各种应急计划，尽可能阻止危机的发生和发展，并尽量使损失最小化。

建立一套规范、全面的预警性危机预防系统是必要的。危机预防可以说是驾校危机管理和安全管理中最重要的一环，是指在危机发生前采取措施，防止危机的爆发，在危机管理中的成效最大。

危机处理是指在危机发生后，为减少危机的损害，按照危机处理计划和应对决策对

危机采取直接处理的措施。危机处理应遵循以下原则：

（1）快速反应原则。危机处理的关键是捕捉先机，在危机发生危害之前，对其进行控制。尽管发生危机的驾校面临着巨大的压力，仍必须迅速研究对策，做出反应，采取各项措施，减少危机产生的损失。

（2）真诚坦率原则。一般情况下，任何驾校危机的发生都令公众产生种种猜测、怀疑，甚至新闻媒体也有夸大事实的报道。因此，危机一旦发生，驾校要想取得公众和媒体的信任，必须采取真诚、坦率的态度，否则，只能是欲盖弥彰。

（3）人道主义原则。大部分危机会带来生命或财产的损失，而舆论界对危及人们生命财产安全的事件尤为关注，甚至会加以渲染，因此，危机处理时应首先考虑人道主义原则。

（4）维护信誉原则。驾校的信誉是驾校的生命。危机发生必然在不同程度上降低驾校的信誉。因此，驾校在危机处理全过程中，一定要努力降低对驾校信誉造成的损害，力争公众的谅解和信任。

二、驾校的安全教育

1 安全教育的作用

驾校应严格驾驶员培训管理制度，将安全教育融入驾校文化、培训教学和管理之中，树立“安全第一、珍爱生命”的教育理念。培养驾驶员安全意识，规范其文明驾驶行为，普及安全知识，使驾驶员在掌握良好驾驶技能的同时，加强其职业道德、法制意识和交通安全意识，是机动车驾驶员培训的首要任务，也是驾校培训中迫切需要加强的薄弱环节。

驾校的安全教育主要是对教练员和学员两个群体的安全教育，是驾校安全工作的重点。教练员的安全意识和文明驾驶习惯的养成，会潜移默化地影响学员。驾校的安全教育对驾校的声誉、经济效益都起着决定性的作用。

2 安全意识的培养

安全驾驶意识的培养是一项需长期坚持、不断探索的系统工程，有赖于开展各种形式的安全教育活动。要坚持全员参与、全程育人的育人思想，建立和健全安全教育、安全隐患排查治理的长效机制。将安全、文明驾驶意

识渗入到培训的各个环节，使每一个教练员和学员在教学过程中，牢固树立安全驾驶意识，形成良好的驾驶安全态度、安全价值观、安全行为准则，养成安全驾驶的习惯，严格按照《道路交通安全法》和其他安全制度规范自己的驾驶行为，熟练掌握有效保护自己和他人生命财产安全的驾驶技能。

3 教练员的安全教育

教练员是安全知识、文明行为的传播者，学员安全意识的培养者，安全行车的执行者，安全技能的传授者。要培养出素质优良的驾驶员，就必须有一支本身素质高、观念新的教练员队伍。帮助教练员树立和贯彻以培养安全驾驶意识和文明驾驶行为为核心的驾驶员素质教育理念，掌握安全驾驶的新知识和新技术，是加强行业安全教育的首要环节。

驾校对教练员要进行定期和不定期的安全教育，教育的内容主要是新的安全法律法规及相关文件、新的车辆安全技术、新的安全理念、新的安全教学方法和经验、典型教学事故分析等。教育方法可采用事故现场安全教育、交通安全专题讲座、安全知识竞赛、外出进修学习等多种形式。

4 学员的安全教育

对学员进行安全教育，是驾校的责任和义务，是安全教育的源头。学员的驾驶道德、安全意识、文明行为及安全驾驶习惯，主要是在驾校期间受教练员的启蒙和教育形成的。驾校对学员安全知识、安全技能的教育和安全意识的培养，会影响其一生的驾驶。

抓住学员学习驾驶期间的安全教育，就等于抓住了减少道路交通事故的根源。因此，驾校要严格按照国家有关规定和教学大纲规定的教学内容，结合典型的道路交通事故案例，对学员进行道路交通安全法律、法规、驾驶技能的培训，确保培训质量。

5 驾校安全教育的内容

（1）安全教育可通过选择最近发生的、比较大的或典型的事故案例进行教育。采用典型道路交通事故案例进行教育，效果更好、更具有现实性。

（2）在认识到交通安全的重要性后，通过交通事故防范能力教育，学会提前防范，化险为夷的事故防范能力。

（3）进行安全驾驶心理教育，安全的驾驶心理来自于安全的心理活动。在安全驾驶行

为不足的情况下，调节、调适至安全的驾驶心理，是规范安全驾驶行为的前提。

（4）依法行车是维持交通秩序的基础，加强交通安全法律法规教育，经常学习交通安全法律法规，提高法律水平是驾驶员的责任和义务。

6 驾校安全教育的方式

（1）现场安全教育。在实际道路驾驶训练途中，遇有道路交通事故是常见的情况。教练员可以在保证现场安全或允许的情况下，驻足在交通事故现场进行分析教育，这样更具针对性，也更真实。一次血淋淋的事故比任何理论教育都来得真实和深刻。

（2）利用多媒体设备。借鉴真实的图片进行课堂安全教学，可以较深入地、逼真地进行安全教育。

（3）聘请交通安全专家对学员或教练员进行安全教育专题讲座。亲身聆听到专家们入丝入扣、逻辑严谨的分析，教育效果较好。

（4）采取安全知识竞赛的形式。集娱乐性、知识性、互动性为一体的竞赛形式，能使参与者在潜移默化过程中接受安全教育。

（5）提高教练员安全教育素质。驾校根据情况可以有计划地送教练员外出培训、进修学习，使教练员开阔眼界，增长知识，提高其驾驶训练的教学能力。

三、教练车安全管理

1 教练车安全要求

教练车技术状况应符合《机动车运行安全技术条件》（GB 7258—2012）的要求和《营运车辆技术等级划分和评定要求》（JT/T 198—2004）所规定的二级车以上技术条件。教练车整车装备及外观检查、动力性、燃油经济性、制动性、转向操纵性、前照灯发光强度和光束照射位置、排放污染物限值、可靠性等应符合二级车辆的标准。

教练车由于场地驾驶多，转向机构容易损坏；学员驾驶动作错误多，驻车制动器和转向灯容易损坏。教练车作为驾驶培训专用的工具，除具备基本的安全条件外，还必须要有较高的综合性能。

2 教练车档案建立与管理

教练车档案管理是驾校常规管理的重要组成部分，是提高教育质量，办好驾校的基础。档案材料的形式、收集、整理和归档，建立预立卷制度，都应纳入档案归档工作程

序。档案工作列入驾校工作计划及各处室计划管理，做到年初有计划，年终有总结。档案管理工作的有关要求，列入相关人员工作职责、考核内容中，做到考核结果与奖惩挂钩。对归档的案卷的完整性、准确性，系统要有检查控制措施。建立和健全档案人员的岗位责任制，实行文件的收发登记制度。

教练车登记的内容：

(1) 机动车的《车辆整车出厂合格证》；

(2) 车辆购置附加费缴纳凭证；

(3) 规定的机动车第三者责任保险凭证；

(4) 车牌号；

(5) 《机动车登记表》；

(6) 厂牌型号；

(7) 发动机号码；

(8) 车身颜色；

(9) 每年的耗油记录；

(10) 事故记录；

(11) 行驶记录；

(12) 车架号码；

(13) 汽车维护记录。

3 教练车使用前的安全管理

(1) 选购经济性、可靠性好的车辆作教练车。驾校是一个经营实体，为减少成本，在购车时应当尽量选购价格低廉的汽车。学员在驾驶操作训练时，会经常出现错误的动作，容易出现机件损坏的现象，因此，汽车的可靠性很重要。

(2) 安装辅助操作装置。为了保证教练车安全行驶，要在教练车副驾驶座的规定位置安装供教练员可操作的制动器副操纵装置和副后视镜。有条件的可安装副离合器踏板和副加速踏板。货车教练车的车厢应配装车棚、座椅和上下扶梯等安全装置。

(3) 新车要认真维护。按规定进行汽车磨合期的运行，使汽车各部件摩擦付调整到最佳状态。汽车磨合的好坏，会对汽车的寿命、安全性和经济性产生重要影响。

(4) 选择优质润滑油。合适黏度的优质润滑油，能使摩擦表面得到良好的润滑，减缓机件磨损。

(5) 正确选用燃油。按汽车出厂要求使用燃油，尽量添加质量合格的燃油。

(6) 避免发动机高速运转。由于发动机机件之间尚属于磨合期，过大的负荷和过高的转速，都会加剧对零件的冲击。这样不仅无法降低机件的粗糙度，还会对零件造成损伤。发动机瞬间工作在大负荷下，很容易由于冲击造成磨损。

4 教练车安全技术状况的影响因素

(1) 制动系技术状况对安全行车影响最大。制动器摩擦片与制动鼓（或制动盘）磨损量过大、油污或卡滞，液压制动系统中有空气，制动液渗漏及总泵内制动液不足，气压制动系统控制阀或制动气室密封不良，以及空气压缩机皮带松弛等均会引起制动器作用迟缓、制动力不足，从而使制动距离增大。如果左右轮制动器技术状况不同，则可能因制动力不均而引起汽车制动跑偏。特别是制动气室膜片破裂，总泵皮碗损坏，分泵皮碗翻转，油管或气管断裂将会造成制动失效，这是行车中最危险的情况。

(2) 转向系的技术状况变坏影响汽车

的操纵性。转向轴弯曲及轴承损坏等将引起转向沉重，使汽车转向不灵活，不能迅速地避让路面障碍物。轴承、主销、衬套磨损会造成机件连接松旷，将引起汽车在行驶中摆头，不能保持正常的运动轨迹。转向节臂、转向节弯曲变形，则会引起汽车单向跑偏。最严重的是横直拉杆球头严重磨损后松脱，将造成转向失灵，使汽车失去控制。

（3）信号装置损坏或故障会影响行车安全。在通过繁华街道、村镇和车辆行人较多的路段时，喇叭损坏容易引发意外事故；如果行进中制动灯或尾灯不亮，很容易发生追尾事故；转向灯不亮或灯光微弱，则可能造成与车辆、行人不正常的接触；特别是在夜间行车时，若前照灯光束调整不当，就起不到照明作用，若前照灯损坏，那将会带来更大的危险。

（4）轮胎故障会影响车辆安全行驶。汽车左右轮的气压不同，磨损程度不同，花纹不同，会造成左右制动力不均，从而引起制动跑偏。轮胎被刺伤、划伤时，在长时间高速运行的情况下，很容易发生爆胎。尤其是前轮爆胎，会使汽车急剧偏行，非常危险，极易导致翻车事故。

（5）前桥、钢板弹簧损坏将影响车辆正常行驶。前桥磨损和变形会使前轮定位改变，从而引起汽车行驶中摆头或转向沉重。钢板弹簧常出现折断、弹性减弱和窜动等现象，这会使车身向一侧倾斜。

5 教练车安全运行注意事项

（1）教练车长期低速行车，变速器等传动部件磨损较大，应尽快掌握离合器、变速器等部件的结构状况，定期检查和维护，保证教练车正常行驶。

（2）学员在车辆上主要是学习驾驶，其操作比较生疏，五大操纵件很容易出现早期损坏的情况，教练员要特别注意学员的误操作对操纵件的影响。

（3）教练车长期处于非正常行驶状态，混合气过浓而使汽车排气管放炮，使排气管容易早期炸裂。

（4）制动器使用频繁，容易使制动液损耗过大，制动器用橡皮材料容易早期损坏。

案例一：

教练带学员驾车与公交车相撞5人死亡

2007年12月13日清晨，某驾校2名教练员带领3名女学员在去参加驾驶考试的途中，其所驾驶的桑塔纳轿车突然驶入逆行车道，与对向一辆公交车迎面相撞，由于两车相撞后卡在一起，轿车整个车体完全陷进公交车右前角的底盘，造成轿车内5人全部遇难。

2010年1月15日，法院审理认为，桑塔纳轿车的驾驶员违反《道路交通安全法》，应当负事故全部责任。公交车驾驶员驾驶制动性能不符合国标要求的车辆上路行驶，虽有道路交通安全违法行为，但与此次交通事故没有直接、必然的因果关系，不负交通事故责任。

桑塔纳轿车驾驶员系驾校教练员，受驾校的指派带领其他教练员和学员等人前往参加考试，是履行职务行为，因此驾校应当承担相应的民事责任。

公交车驾驶员虽然不负交通事故责任，但其驾驶的公交车制动性能不符合国标要求

且上路行驶，具有道路安全违法行为，其所属公司应当承担相应的责任。

因驾校是一人出资的有限公司，出资人不能证明驾校的财产是独立于自己的财产，因此出资人应当承担连带赔偿责任。一审判决赔偿近百万元人民币。

案例二：驾校有保障学员人身安全的义务

2010年8月，某驾校学员，在外出训练中，驾驶教练车在一大桥上掉头时，误把加速踏板当作制动踏板，随车教练员迅速采取紧急制动，但为时已晚，汽车掉入桥下。驾车学员当场死亡，教练员及随车其他学员受伤。事故发生后，交警大队经过现场勘查认定，教练员负事故的主要责任，驾车学员负事故的次要责任。

学员的亲属一纸诉状将驾校告上法庭，认为学员报名参加驾驶技术培训，驾校除教授驾驶技术外，还应提供安全的保障措施，履行安全保障义务，确保学员人身安全。在合同履行过程中发生事故，驾校应当承担全部责任。

被告驾校认为，根据交警部门作出的道路交通事故责任认定书，驾校只应承担事故的主要责任，学员本人应承担次要责任。

一审法院经审理认为，学员报名参加驾驶技术培训，其与驾驶培训学校之间的机动车驾驶技术培训合同依法成立。根据该合同的性质，应当认定驾校有保障学员人身安全和教授学员掌握驾驶技术两项主要合同义务。驾校除应配备合格的教练车辆和教练员外，还应要求教练员随时纠正学员的失误，避免事故的发生。作为学员在学习过程中出现不以自己的主观意志为转移的操作失误，是一种正常的、不可避免的现象。对于失误的出现以及由于失误造成的后果，不应认为学员存在过错。因此，驾校对学员的死亡应承担全部赔偿责任，判决驾校赔偿死者亲属各项损失共计21万余元。

案例三：驾校安全管理制度

为保护国家财产和人民生命安全，减少以至杜绝训练事故，保证正常教学和训练，结合本校实际制定本制度。

一、学校成立安全领导小组，明确任务和分工，建立安全检查制度。

二、学校每季度集中组织一次安全教育，各教练队每月安排一次安全教育，教练员每天进行一次安全教育。

三、教练车上的副制动踏板、副车内后视镜等装置齐全。学校定期对教练车进行维护和检测，对达不到二级以上标准的不用作教练车。

四、教练车上的灭火器配备齐全并定期检查；且经常开展车辆燃烧的突发灭火演练。

五、训练中遵守道路交通安全法规，确保训练安全；坚持教练车训练前、训练中和训练后的三检制度，严禁带故障训练。

六、严禁教练员酒后执教和学员酒后训练。

七、学校定期进行安全形势分析，找出安全隐患，提出改进办法。

案例四：

驾校安全应急预案

（一）组织机构

（1）安全行动组：主要负责初期事故的疏散工作。

组长：××× 组员：×××

（2）通讯联络组：主要负责与事故处理机关、保险、医院、伤员家属等的相互联络。

组长：××× 组员：×××

（3）安全救护防护组：主要负责在医务人员到达前后对受伤人员进行护理协助工作。

组长：××× 组员：×××

（4）事后处置组：主要解决事故后的处理工作。

组长：××× 组员：×××

（二）程序

（1）报警：①向公安报警；②向周围单位和人群报警。

（2）接警处置程序：该程序按国家法律法规处理。

（三）步骤（略）

讨论一：

如何开展安全教育？

在人的大脑中所形成的观念和意识，支配着人的行为，即习惯性行为。但每个人形成一种意识，需要经过一定的时间，所以牢固树立安全驾驶意识不是一两天或一两次会议宣贯教育即可，而需要一个较长的培养过程。无论学员还是教练要改变身上的不良行为习惯，就必须首先转变自身的不良观念和意识。我们要通过强化安全教育，以会议、专题讲座等形式对道路交通安全法规进行宣贯，促使学驾人员领会掌握；同时督促驾校制定安全规章制度并严格落实，促使管理人员、教练员将“安全第一”年年讲、月月讲、日日讲、会会讲、事事讲。将“安全第一”的思想和意识反复灌输，使大家由习惯到自然，自觉形成安全第一的意识，变“要我安全”为“我要安全”，进而对安全驾驶的认识提高到一个新的水平，形成人人积极参与安全教育，从源头做起的新局面。

驾驶员素质是道路交通安全的重要保证，要培养出素质高、具有文明驾驶行为的驾驶员，必须在坚持不懈地提高安全驾驶技能的同时，更加注重安全意识的养成和考核。如在培训态度上要有持续性和严肃性，在培训内容上要有针对性和实用性，在培训手段上要有实效性和创新性，做到树立安全意识、普及安全知识，使安全驾驶技能的培养和考核相结合，将安全驾驶意识的培养落实到培训全过程、范围覆盖到全体员工。只有全体驾培人员，尤其全体教练员理解和掌握了安全意识教育的新理念、新方法，才能培养出安全意识强、文明素质高的驾驶员。

驾校日常管理中，为提高安全教育的针对性和有效性，我们要结合常见的交通违法肇事行为，剖析令人痛心的交通违法事故典型案例，使教练员、学员对大多数交通事故责任人普遍存在的守法意识薄弱问题引起高度重视，唤起大家珍惜生命的安全意识，促使教练员、学员以严肃认真的态度来对待驾驶的安全问题，积极主动地参与安全教育活

动，熟练掌握安全驾驶的知识和技能，预防和杜绝各类道路交通安全事故的发生。

创建驾校汽车驾驶安全文化，充分发挥驾驶安全文化的熏陶作用，也是驾校练好内功的重要手段之一。驾校汽车驾驶安全文化建设的重要意义，就是要在驾驶培训过程中，努力营造一种浓厚的安全文化教育氛围，使每位教练员、学员的行为自觉地规范到这种安全价值趋向和安全行为准则之中。建设驾校汽车驾驶安全文化，就是用安全文化培养具有完善的心理素质、科学的思维方式、文明出行的驾驶员。

在开展安全教育时，我们要针对学员进行个性化的情操陶冶，培养健康向上的驾驶情绪。在组织教练员、学员进行学习培训时，注意培养学习安全驾驶知识和掌握安全驾驶技能的自觉性，提高分析和处理驾驶安全问题的能力。同时注意加强职工、学员的个性修养，养成善于控制感情，克服不良心态，避免发生过激、危险的行为，始终保持健康、乐观、奋发、向上的情绪，以科学、冷静、理智的方式处理道路交通过程中出现的安全问题，杜绝因个人不良行为而影响道路行车安全。

违法驾驶行为是引发交通事故的主要因素。对交通违法的教练员、学员要坚持教育和处罚同时实施的原则，既保证制度的严肃性，又保证教育的深入性。要根据违章的性质、可能导致的后果及产生的影响，对教练员、学员区别对待，分别教育，促使教练员做到为人师表，以身作则。在对教练员教学质量考核时，不能只看考试合格率，应以学员的综合素质对教练员教学质量进行全面考评，严把安全驾驶入门的质量关。在对学员考核评价时，不要只注意帮助学员找到导致操作不当的原因，要注重看似无操作不当，而存在着深层次的缺乏安全意识的问题。

学员在学驾过程中会出现各种问题，同样的问题可能会反复多次出现，因此安全驾驶需要一个反复训练、不断修正提高的过程。在保证充足的训练时间的基础上，在结业鉴定、教学评价、实操考试时，务必再予重点把关。对学员主要因安全意识问题而发生的危险驾驶情景进行指正，从安全意识上为学员学习驾驶技能提供科学指导；对那些因操作不熟练而出现失误但有良好安全意识的学员，要给予一定的鼓励，减轻初学者的压力；提高学员学驾的积极性，促使学员在掌握驾驶技能的同时十分注重自身安全意识的培养和提高。通过这种强化安全意识的考核方式，可收到良好的预期教育效果。

在学员安全教育管理中，自我教育不可忽视。可将安全意识较强、技术水平较高者与相对意识较弱、水平较低者进行组合；将老师傅或老学员与新人相组合；性格激进与性格稳重的相组合；推而广之还可根据各人的知识水平、心理反应、安全意识等因素，进行有机组合，开展互帮互学活动。还可利用现代电子网络技术，鼓励学员玩玩网上相关安全驾驶的电子游戏，创造条件让学员在“玩中学，学中玩”，提高安全学驾兴趣。通过这种互动交流，互相帮助，灵活学习，互相促进，形成一种自我教育氛围，从而达到安全驾驶技能互补、互进的目的。

要充分挖掘驾驶知识所蕴含的安全道理，并融汇到驾驶技巧中，特别注重学驾中遇到异常情况或有意设计的危险情景时，督促学员采取以预防为主的安全防范措施，一般来说，促使“安全第一，预防为主”的思想转化为文明驾驶的行为和习惯。在教学时注意寻找切入点和结合点，结合典型事故案例剖析、学员自身不良驾驶行为分析和社会和谐交通热点透析，使学员将安全意识、驾驶员职业道德和驾驶技能有机结合起来。安全意识渗透教育要有针对性，其内容要有说服力和感染力，而不能牵强附会、生搬硬套。

讨论二：

怎样进行驾校预警性危机管理？

驾校在经营过程中，随时都有可能遭遇到危机的困扰。为了应对危机的出现，在驾校内预先建立防范和处理这些重大事故的预警危机管理体系，可有效地阻止危机的发生和发展，并尽量使损失最小化。

第一，组建内部危机管理小组。驾校校长在日常运营管理中要建立一个内部危机管理小组，小组成员应是熟悉驾校和驾培行业的内外部环境的较高职位的管理人员或专业人员。小组每一个成员都要善于创新，善于沟通，严谨细致，处乱不惊。一旦危机发生，小组成员要协同工作，共同应对危机。

第二，强化员工的危机意识。千里之行，始于足下，任何事故隐患的根源都是微小的，一旦任其发展就会造成巨大的、不可挽回的损失。要求驾校的每个员工都要有危机意识，善于发现和辨别动态的隐患，观察发现危机发生前的征兆，分析预测危机的情景。驾校危机管理小组要密切关注与驾校经营相关的微观、宏观环境的变化趋势，及时发现危机前兆，超前解决，争取主动。

一般来说，驾校危机前兆包括：

(1) 在管理行为方面表现为管理者不信任部下、猜疑心强、固执己见、一意孤行，管理制度形同虚设，违规违纪现象增多。

(2) 经营方面表现为驾培市场竞争压力增大，出现强有力的竞争对手，驾校在市场变化或政策调整时应变能力不足。

(3) 在内部管理方面表现为员工的合理诉求得不到回应，情绪低落，人心涣散，学员的投诉增多。

(4) 经营业绩方面表现为亏损增加或学员人数增多，教练员减少培训内容，缩减培训时间。

(5) 竞争对手恶意压价竞争，市场培训价格的大幅变动，以及其他一些不可控因素如政治动荡、自然灾害等。

第三，进行危机管理模拟训练。俗话说“不怕一万，就怕万一”。一万个重视只为“安全”两个字，而万分之一的不小心，损失就可能是无法弥补的代价，甚至是生命。针对危机的发生进行实战演练，内容包括心理训练、危机处理知识培训。一方面可以提高危机管理小组的应变能力；另一方面可以检测拟定的计划是否周密可行，以便查漏补

缺，使危机反应计划更加完善。

第四，与大众媒体建立良好的关系。理由再完美，也不能够掩饰住背后的灰暗；借口再充分，也不能够弥补事故带来的伤害。一旦驾校爆发危机，首先惊动的是大众媒体、新闻媒介。这要求驾校平时要注意与媒体建立良好的关系，可采取寻求主动采访，开新闻发布会等。一旦驾校发生危机，媒体会客观真实地报道而非刻意渲染，这对危机的处理就较为有利。现实中，能雪中送炭的媒体几乎看不到，媒体能做的要么锦上添花，要么落井下石。

危机处理时应采取的对策：

(1) 指定专门代言人。在危机发生后，指定唯一代言人，可避免多种声音对外而说法不一，最大限度地维护驾校信誉。

(2) 指定危机管理负责人、拓宽沟通方式。危机管理负责人应是能够协调驾校各部门的综合负责人。负责人的主要职责就是有权决定何时启动危机管理系统和实施危机处理计划。另外，应开辟多种渠道，如电话、电子邮箱等，以应对危机期间的各种咨询。

(3) 迅速公开的信息发布方式。危机一旦发生，危机管理部门应迅速反应，并率先由驾校向媒体、公众及驾校内部人员公开事情的全过程。这样，能在他人之前公开报道事情的真相，不仅为驾校树立了坦率的形象，也给危机的状况定下了基调，以防止其他人混淆事实的说法，使驾校处于被动地位。

(4) 与媒体建立良好的关系。这一点在危机预防阶段具有重要意义，在危机处理阶段也非常重要。只有与媒体间搞好关系，他们才能客观地报道，才能使他们与驾校形成一种互相信任的关系，而不会对道听途说的消息进行炒作。

第五，做好危机总结。危机总结是驾校危机管理的最后环节。假如是因为违章违纪造成的危机，那么，为什么会违章违纪？是制度的缺失，是管理上不到位，还是安全意识的淡薄；出现问题是偶然还是必然，是个别现象还是普遍存在；为什么会出现有令不行、有禁不止，是培训存在质量问题还是侥幸心理在作祟；为什么同样的问题会重复出现，是主观问题还是另有原因……驾校管理者应对危机所造成的损失和带来的教训进行总结，以防后患。

(1) 调查危机发生的原因，究竟是驾校内部经营管理机制上的问题，还是驾校外部的不可控因素；其次，对危机处理过程中所采取的措施进行反思研究，对所采取措施的得与失全面总结。

(2) 对危机预防和危机处理阶段中的每项工作做出客观的评价，为下一步的危机管理工作奠定基础。

(3) 经过检查与评价两个阶段的工作后，调查出危机发生的原因和采取措施的得与失，一定要以危机为契机，对驾校的薄弱环节进行整改，弥补危机发生所反映的漏洞，达到前事不忘，后事之师的目的。

不要用昂贵的汽车做“棺材”

一个触目惊心的数据是，世界范围内每年有50万人死于交通事故，受伤的人数高达1500万人，相当于一座特大城市的人口总量。而另一个足以让所有中国人大跌眼镜的数据是，中国拥有全世界1.9%的汽车，引发的交通死亡事故却占了全球的15%，在事故中死亡的人数也占到全世界的15%左右。“用昂贵的汽车做‘棺材’，不知道是不是现代人的可悲之处。”美国的科学家们在研究了数百起车祸后发现，一辆时速88km/h的汽车从相撞到导致驾驶员死亡，只需短短的0.7s。这短短的0.7s，却一遍遍地重复上演，据粗略计算，平均每5min，就有1名中国人被汽车夺去宝贵的生命。现在中国每年大概有1000多万名的新手上路，由于缺乏必要的安全培训和对生命的敬畏之心，很多新手直接变成“马路杀手”，危害公共安全。酒后驾车、超速行驶等情况不断上演，像某些驾驶员把加速踏板当制动踏板的事件也时有发生……

不要沿袭发生事故后再整

事后预防是目前社会上的通病，要改变不发生事故不知道强调安全，不死人不去采取保护措施的工作习惯。“隐患险于明火”，“防范胜于救灾”，“责任重于泰山”，不能老是等事故发生后，才大梦初醒，才高度重视，才采取行动。驾校的安全管理要着眼安全意识、职业道德的缺失，行为方式的越轨比肢体不全更为可怕。必须防范在先、警惕在前，树立高度的安全意识，筑起思想行为和生命的安全长城，从而提高自己的安全责任心、警惕心，必须重视并牢记安全制度，避免安全事故的发生。前期的教育和预防，往往要比事后采取措施聪明得多。

驾校普遍存在的致命问题

目前，驾校普遍存在着安全管理机制不健全，安全管理不到位的现象。驾校的安全教育存在着盲区，科目一的安全知识学习形同虚设，整个培训过程，只重视单纯的技能训练，不进行安全知识和安全理念的教育。培养出的驾驶员既不能单独驾驶车辆，又不具备安全文明行车意识，这是导致驾驶员违法行为普遍、事故频发、道路拥堵、文明驾驶缺失的主要原因。

造成驾驶员安全意识弱的主要原因是：我国驾驶员培训仍然停留在应试教育阶段，考试是驾驶员培训的指挥棒。驾校的安全教育存在着盲区，法律法规、安全知识学习流于形式，缺乏从源头上对驾驶员的安全、文明和道德教育。驾校单纯追求经济效益最大化，把考试通过率作为考核的唯一标准，更多注重的是对技能的培养，而忽视了对学员交通安全意识和整体交通观念的教育。驾校培养出的驾驶员大多数都是“残品”或“次

品”，相当一部分是“二把刀”、“马路杀手”，从而导致了陪练公司的产生，并得到迅速发展。这足以说明驾校培训对驾驶员的安全意识的养成起着举足轻重的作用，驾驶员的源头教育事关重大。

安全效益与经济效益谁最重要？

驾校作为“授人以技”的学校，“授”的又是与公共安全有关的技术，所以不可避免地承担着社会责任。但驾校以盈利为本，追求经济利益理应是所有企业的根本目的。驾校所应当承担的社会责任和其负有的经济责任，近期来看也许有冲突，但长远来看并不冲突。虽然驾驶培训行业最近几年都是饱和的，这是因为现在社会正处于一个汽车进入家庭的高峰期，汽车从奢侈品慢慢开始变为大众品，成为人们的代步工具，所以有很多人要学车。但这个饱和期不会太久，用不了多少时间就会进入常态，到时就不可能有那么多人学车。这样，信誉不好的驾校自然就淘汰了。所以，越是在现在这样火爆的时候，驾校越应该把自己的安全管理搞好，把品牌打出来，这样既符合驾校的近期利益，更符合驾校的长远利益。

对大多数驾校的工作重点而言，经济效益是中心，这是驾校经营的目的和归宿。但在具体运营过程中的无数事实证明，为了达到预期的经济效益，而放弃“安全第一”的原则，其结果都是得不偿失的。安全效益与经济效益息息相关，这贯穿于驾校任何一项经营活动的全过程。安全效益就是降低事故发生所造成的经济损失，安全效益与经济效益成正比关系，事故损失与经济效益成反比关系。

安全，代表驾校生命，也代表驾校效益，安全就是一切工作的重中之重，唯有安全这个环节不出差错，教练员和学员的生命才能得到保障，驾校才能去争取更好的成绩。

驾校安全事故的主要成因

人的生命只有一次且极其脆弱，需要用心去呵护。一人安全，全家幸福，生命至上，安全为天。安全的问题容不得半点的麻痹和侥幸，那些事故一次又一次地震撼着我们的心灵。在工作中，每做一件事时都要用心去想一想，为什么会发生本不该发生的事故？在大多数情况下，构成驾校安全事故的“桥梁”是由人的不安全行为和管理不善产生的，人、物、环境和管理四个因素是相互牵连的，就像正方形的四条边一样，其中的一条边变化，另外三条边也就跟着变化。决定另外三条边的就是人的因素。因为安全管理规程是由人制定、修改、补充的，也是由人执行、监督的；车辆是人购置、操作、维修的；教练场所的环境也是由人安排的。这就不难看出，一个驾校出不出安全事故，人的因素起着决定性的作用。

一个醉酒肇事驾驶员的忏悔

本人于2009年6月30日晚8时许，大量饮酒后，在深度醉酒的状态下驾车，造成5人死亡、4人受伤、6辆机动车受损的重大交通事故，对人们的生命财产安全造成了重大的伤害。

当我在法庭上看到那些自己酒后驾车所造成的事故图片和影像资料后，追悔莫及。那一幅幅惨不忍睹的画面，深深地刺痛了我的心。我的身体在战栗，我的心在颤抖："×××，你竟敢做出这样伤天害理的事情。"那么多鲜活的生命、那么多幸福的家庭在我手里被无情地被扼杀。

想想自己的罪行和对社会的危害，我无地自容。对那些无辜的生命，我感到恐惧，我感到愧疚！想想自己对那些被害人的罪行，我是多么的残忍。人的生命是最宝贵的，那是不能用金钱去衡量的。想想那些失去妻子的丈夫，嗷嗷待哺的婴儿；想想那些失去儿子的母亲，年逾古稀的老人，白发人送黑发人，老无所依……我不忍再想下去。仿佛我看到他们天天以泪洗面，那些幸福的家庭正是我这罪恶的双手给扼杀的。

痛定思痛，反思自己的罪行，想想自己为什么会犯下如此不可饶恕的错误，那就是我一直以来存在的一种侥幸心理。总是以为自己一次次酒后驾车都没有出事，这次离家又是那么近，怎么可能会出事呢？可是现实往往不是想象的那样，侥幸心理是要不得的！你的大意就是一切灾难的根源，醉酒以后人本身就处于一个意识模糊的状态，思维已经不能控制自己的动作。

所以我要用自己这血的教训和代价来奉劝那些驾车的人们：酒后莫开车、开车莫喝酒；侥幸心理要不得、亲人泪水流不得。

现在我知道自己罪恶深重，我伤害了很多人。我要为自己的行为去忏悔！那些不安的灵魂、那些破碎的家庭……那些死去的人在九泉之下注视着我。今天我要用我的真诚忏悔去洗刷自己的灵魂，去告慰逝者的在天之灵，安抚生者的悲愤之心！

请广大驾驶员引以为戒，对酒驾说不！

以人为本　得人者兴

驾校教练员管理

古语说：“得人者兴，失人者衰”，得人才者得天下。在驾培市场的竞争中，驾校的兴衰根源在于教练员。因此，教练员管理是驾校生存的一个重要因素，一个有生命力的驾校，需要拥有一支高素质的教练员队伍。花大气力吸引、培养、使用人才，是保证驾校在驾培市场竞争中持续、健康和快速发展的决定因素。

教练员的职业道德、教学质量、服务意识，决定着教练员队伍形象、驾校声誉、驾校招生人数，直接影响着驾校的经济效益。因此，教练员的招聘选用，是驾校生存的关键，特别对新建驾校来说，如果完不成驾校最初的教练员配备，驾校就无法进入运营。对于已经处于运营的驾校，在补充和更换教练员时，选用教练员也是很重要的工作之一。

一、教练员的职业特点

教练员的职业特点。与一般学校教师不同的是，教练员所面对的教学对象层次多样化，教学内容专业性强，教学要求严格，教学过程存在一定的风险性。

1 教学对象层次多样化

教练员所面对的教学对象虽然都是成年人，但层次多样化。学员在年龄、知识背景、职业、性格等各个方面都不相同，学习兴趣、习惯和接受能力也有着很大差别。此外，学员的文化水平参差不齐，有的文化基础很差，对动作的掌握能力差，相应地增加了教练员完成教学任务的难度，给教练员的教学工作带来很大困难。

2 教学内容专业性强

教练员的教学目的是培养能够独立安全驾驶车辆的驾驶员，既要培养学员的安全意识，又要教会学员安全驾驶技能。教学过程始终是将理论知识与实际操作有机的结合，而且每一项教学内容都有很强的专业性。

3 教学要求严格

驾校对教练员的教学要求严格，每个教练员必须按照教学大纲规定的内容和课时，认真完成教学任务。教练员要保证学员的有效驾驶学时，每次完成教学后，必须对学员的学习情况客观地进行评价，如实填写教学日志，并让学员在教学日志上签字确认。

4 教学过程存在风险性

除理论教学外，教练员的教学主要在教练场内和实际道路上进行，是一个动态、互动的教学过程。在驾驶操作训练中，一个操作动作、一种情况的处理或一个案例的教学，都要通过讲解、示范、指导、讲评等教学环节来完成。尤其是在复杂的交通环境下，学员和教练员同时处在高度紧张的状态。影响教学安全的因素很多，学员的素质

不同，接受能力的差异，都会影响到教学安全，教学过程往往存在着一定风险。

二、教练员的职责

提高驾驶员的整体素质，把好驾驶培训的质量关，教练员的作用非常关键。对驾驶员实施素质教育，绝不仅仅是对学员驾驶操作技术的培养，更重要的是传授给学员安全行车的知识和处置交通情况的能力，培养学员的安全意识和遵章守法的意识，增强学员的社会责任感，引导学员树立“安全第一、珍爱生命”的行车理念，养成良好的驾驶习惯，最终能够独立安全驾驶车辆。这既是社会的迫切需要，也是教练员的根本职责。

1 教练员的主要职责

(1) 热爱驾培教育工作，为人师表，认真执行培训教学大纲和实施计划，认真完成驾驶理论培训和训练教学任务。

(2) 钻研业务，熟悉大纲，钻研教材，写好教案，不断改进教学方法，提高教学能力。

(3) 教学过程中，注重理论和实际相结合，将安全意识教育和驾驶技能有机的接合在一起，实现素质教育和应试教育的一体化。

(4) 能够使用现代化教学设备和科技教学手段，根据学员的不同情况，因人施教，精讲多练，耐心辅导，及时总结经验。

(5) 教学语言要精炼、正确、易懂，保证训练教学效果。按规范认真填写教学日志和培训记录。

(6) 以身作则，严格遵守交通法规及操作规程，注重培养学员的安全意识，养成规范操作、安全驾驶、文明行车的良好习惯。

(7) 树立服务意识，端正行风，平等对待学员，提供周到服务，廉洁执教，维护行业形象。

(8) 严格执行教练车管理制度，坚持车辆安全检视维护，及时按规定维护车辆，保持车辆技术状况良好，节约运行成本，确保车辆和人身安全。

2 教练员的行为要求

(1) 将安全意识作为教学重点，贯穿于教学始终；教学各个阶段强调安全第一，珍爱生命，安全礼让，努力培养学员的安全意识。

（2）将严格遵守交通法律法规，规范驾驶行为，安全行车贯穿于教学过程中，做到知法、守法；培养学员遵章守法，安全驾驶，文明行车的行为习惯。

（3）履行诚实守信的服务理念，树立为学员服务的思想，建立良好的师生关系；用服务的理念创造和谐的教学环境，真诚、公正、积极、平等地对待每一位学员。

（4）教学过程中，因人而异，文明教学，用爱心、诚恳、亲切和以身作则、循循善诱的方式，帮助学员树立学习信心，培养学员的学习兴趣；根据学员的特点和接受能力，因材施教，保证教学效果和教学质量。

（5）努力学习先进的教学理念和教学方法，不断丰富专业知识，及时调整知识结构，强化安全意识，更新教学理念，提高教学水平，以适应社会发展和驾驶员素质教育的需要。

三、教练员应当具备的素质

教练员在传播汽车文化、汽车科学技术方面，起着桥梁和纽带作用。一个驾驶培训单位，能否培养出合格的汽车驾驶人才，其关键在于教练员。教练员素质的好坏直接影响着学员素质的优劣。尤其是汽车作为一种现代化的快速运输工具，必须由具有一定科学技术水平的驾驶员操作。而担任培养汽车驾驶员的教练员，就要具有较高的科学技术和文化知识。因此教练员并不是任意一个驾驶员能担任的，必须具有相应的素质。

1 良好的道德品质

教练员不仅是讲授驾驶技能的老师，更应当是造就学员灵魂的工程师。教练员的一言一行、一举一动都会给学员以潜移默化的作用，一个品行不端的教练员，其所培养的驾驶员因工作特点而使这种品行进一步扩散。因此教练员应具有高度的政治觉悟、思想水平以及良好的道德品质。

要培养学员正确的学习目的和学习态度，教练员就要率先垂范、学而不厌、诲人不倦，以及对训练工作的敬业精神。那种敷衍了事、蒙混、搪塞、不学无术的思想难以端正学员的学习动机和安全驾驶的目的。

要培养学员热爱劳动、艰苦朴素、勤学苦练的态度和精神，教练员就应该首先不怕苦、不怕累、不怕脏，应有吃苦耐劳的作风和助人为乐、关心同志、热爱集体的品德。那种指手画脚、好逸恶劳的作风，不仅直接影响培训质量，也极大地影响着学员日后养成的懒惰恶习。

要培养学员文明礼貌的习惯，教练员就要时时处处以身作则，讲究仪表端正，服装整洁、语言文明、态度亲切。在训练中坚决杜绝不文明语言的出现，特别在情绪激奋时努力克制自己的冲动行为,否则学员毕业后很容易仿效教练员的不良行为，难以形成“礼让三先，文明行车”的好习惯。

要培养学员良好的驾驶作风，教练员必

须要有高度的法制观念和纪律观念，作风正派，克己奉公，遵守公德，遵守交通法规，用自己的模范行动影响学员，感化学员。避免和杜绝那种表面一套，背后一套，阳奉阴违，表里不一的驾驶作风。目前有些教练员心存侥幸，麻痹大意，肆无忌惮，时而犯规，时而违章；很难在学员中形成良好的驾驶风格。

2 丰富的专业知识

所谓专业知识，即教练员应当精通与汽车驾驶专业相关的理论与知识。如交通法规、交通工程学、汽车构造与使用、驾驶心理学、教育学等。学员来源不同，素质不一，文化、专业水平相差悬殊。如果教练员不能精通这方面的知识，除难以理解教学大纲外，更难以根据学员情况施教，不能从专业知识中提取精华传授给学员。知道得多、会得多，才能满足学员的专业求知欲，解决学员提出的各种疑难问题，使学员的学习积极性越来越高。例如，一个非常简单的电路故障使汽车停驶。教练员忙上忙下左找右找，又是打电话，又是请求帮助，忙了半天，也请了人来。到最后确定是高压线脱出而致。这种故障往往只需几分钟就能解决。这样使教练员名誉扫地，威信降低；同时，学员既学不到应有的知识，又感到技术学不学无所谓，出了故障打电话或找人。另外，还耽误了学员的学习时间。对现代人来讲，时间就是金钱，所以既浪费了时间，又挫伤了学员的学习积极性。如果教练员能针对汽车行驶中出现的故障，从理论上给学员进行讲解，并亲手排除故障。这样，学员可以从现场学到汽车故障排除的方法，满足学员的求知欲，提高教学质量，也树立了教练员的威信。

道路驾驶训练流动性大，交叉路口、道路线形、交通设施无不构筑现代交通科学的结晶。充分利用短暂休息时间，针对具体的道路交通工程，进行实物教学，提高学员的专业意识和相关知识，同时，在道路上经常发现交通事故，可以利用现场进行安全意识的讲解以及有关的道路交通事故处理办法。提高学员的综合驾驶能力。

总之，作为一名称职的教练员要有宽深适度的专业知识，才能使学员在有限的训练时间内获得尽可能多的专业知识，为进一步拓宽驾驶能力奠定知识储备基础。目前汽车技术在不断地更新和发展，教练员必须不断地学习，才能开拓自己的视野、更新自己的知识，以适应现代驾驶训练的需要。

3 过硬的驾驶技能

具备较高的驾驶技能，是做一名教练员的基本要求之一。因为训练学员的目的就是使学员训练结束获得过硬的驾驶技能。“打铁尚需自身硬”，这是最基本的道理。例如，教练员在示范换挡时，时常发出齿轮撞击声，就可能使学员产生误解，认为教练员换挡时发出响声，肯定换挡动作比较难，并且认为操作时发出响声是难免的，“老师操作都有响声，我们岂有不响之理”。产生了消极态度，降低了对换挡动作的要求，最后导致训练效果的下降。

作为教练员，除在担任教练员之前应当具备精熟的驾驶技能外，还应在训练间隙穿插演练自己的技能，使自己的技能常熟常新，保持在学员心目中的技能优势。同时要充分利用示范和单独驾驶的机会，展示自己的驾驶技能，树立在学员中的威信。

4 丰富的教学能力

（1）语言表达能力。教学的效果在很大程度上取决于教练员的语言表达能力上。教练员的文化水平、驾驶技能再高，没有语言表达能力，只能“茶壶煮水饺”有东西道不出来。教育学认为，称职的教师应当善于运用精简扼要的讲述与适当贴切的比喻，使学生易于理解，乐于接受；善于清楚地、有说服力的发表自己的思想，是优良教师的基本品质之一。所以，教练员的讲解应当简单明了、内容具体、生动活泼、有感染力，善于联系学员的思想实际，说明应当讲解的问题，切中他们的理解水平。教练员的讲解一般有3种倾向：一种是教练员专业水平较高，讲解中较多的运用专业术语，使学员难以理解；另一种就是教练员的文化水平较低，不能准确地利用汉语说明要讲解的内容；再一种就是方言使学员听不懂。“方言中听不中用”，由于目前我国汽车驾驶培训单位的教练员大部分采用聘用制，一个单位出现各种方言均是正常现象。

（2）观察学员个性和训练情况的能力。由于每个教练车接受训练的人数很少，

个性对学习的作用非常大。作为教练员应当根据学员的外部表现，了解学员的个性和他们的心理状态。既能找出学员共同具有的特点，又能发现每个学员的个性特点，从而采取有效的训练措施。在训练中，通过每个学员的单独操作及所提出的问题，来判断学员对操作及知识掌握到什么程度，以及每位学员当时所遇到的困难等。这就需要进行定期测试和定期观察，经常地、不失时机地注意和发现每位学员在各个学习阶段的外观特征。例如，有经验的优秀的教练员往往在学员刚上车训练不几天，就能掌握每个学员的个性特征。而一般的教练员或较差的教练员，由于缺乏这种观察力，训练到中期或末期还摸不清学员的个性。不仅影响某一学员的训练效果，个别甚至出现心理障碍，与教练员闹别扭等。经验丰富的教练员，无须深思熟虑，一眼就能看穿学员动作的错误所在。

（3）善于全面掌握、理解、运用教学文件的能力。教学文件包括教学大纲、教学计划等，它们是训练的指导思想和纲领。理解不够、掌握不牢难以按教学目的系统训练学员，不能完成规定的训练内容。因此，教练员应当首先钻研教学文件及相关教材，认真备课，理清哪是主要内容哪是次要内容，主次要内容要掌握到什么程度,应当采取哪些训练方法和措施来完成这一切工作。要求教练员具有相应的分析、概括能力，化繁为简、深入浅出，善于用标准的动作、精辟的语言让学员接受这一复杂的驾驶技能。只有这样，才能使学员按照教学规律掌握驾驶技能。

5 较高的组织能力

教练员是整个驾驶训练的直接组织者和指导者，组织能力好坏，直接影响训练计划、训练进度的执行情况以及训练效果的优劣。教练员的组织能力主要表现在以下几个方面：

（1）要善于发现单车学员中威信高、责任心强、驾驶操作好，能组织全车学员共同学习、共同维护车辆以及其他活动的学员担任组长或安全员，以成为自己的训练助手，使各项工作做得更好。

（2）要根据训练计划、训练科目的内容、目的、要求组织学员学习与讨论。当训练达到一定熟练程度之后应当对某些训练中的问题，交给全车学员商量解决。既要“收”，又要“放”；既要促进技能的提高，又要防止技能的干扰，以充分调动学员的主观能动性。

（3）掌握学员的个性心理特征。尊重学员的人格，特别是一些年龄偏大的学员或女性学员。既要尊重学员的自尊心，又要敢于负责任的批评。了解各个学员的个性特点，全面组织学员向有利于训练的方向发展。充分利用教练员自身的文化优势和专业优势，开展丰富多彩的、形象生动的兴趣活动。

四、教练员招聘

1 教练员的招聘原则及方法

驾校教练员招聘选拔就是为驾校补充所缺教练员而进行的寻找和发现符合驾校工作需求的申请者的活动，即从众多应聘者中择优挑选最适当者从事驾驶教练员的工作。调查表明，多数驾校对教练员的招聘选拔并不重视，随意性比较大，这是造成教练员队伍素质偏低、老化和没有危机感的主要原因，直接影响着驾校的生存与发展。因此，应当引起高度重视。

教练员招聘的原则及方法：

（1）少而精原则。可招可不招时尽量不招；可少招可多招时尽量少招。招聘来的人一定要充分发挥其作用，因为驾校是为社会服务创造效益的集合体，不是福利单位。

（2）宁缺毋滥原则。这一原则对驾校来说特别重要。特别是教练员的岗位，不仅要求驾驶技能、知识技能和身体状况，而且还要有较好的道德品质。教练员综合素质的高低不仅能影响驾校的声誉，而且影响着驾校的生存与发展。因此，选用时一定要有宁缺毋滥的观念。

（3）公平竞争原则。公平竞争是人才脱颖而出的基本条件，只有公平竞争才能吸引真正的人才，才能起到激励作用。因此，对来自不同渠道的应聘人员应采取一视同仁的态度。

（4）公开招聘的原则。在适当的时机，选择适当的渠道，向社会公布招聘岗位、数量、应聘条件、应聘办法、录用后的待遇等。

（5）优先聘用原则。同等条件下，应优先考虑有较高素质，有一定工作经验和学历层次较高的教练员，该尽可能聘用有潜力的教练员作为自己的员工，如军转人员、专业院校毕业生、有过大中型企业工作经历的人等。

2 教练员招聘程序

驾校教练员的招聘可以有多种形式。比较实用的就是公开招聘。在适当的时机选择适当的渠道，向本校之外公布招聘信息。在

规定时间内，要求应聘者到指定地点报名并填写报名登记表并提交相关材料，经一定程序筛选后，确定符合招聘要求者参加测试；通过测试后，最后决定谁是被录取者。

3 教练员选拔测试

驾校招聘选拔教练员，对教练员的测试主要有以下三个方面：知识测试，技能测试，面视。

（1）知识测试，就是专业知识测试，一般可通过笔试的形式，考察应聘人员对汽车驾驶相关理论和知识掌握的深度和宽度。如汽车构造与使用、交通法规、教育学和驾驶心理学、基本教学方法、人际交往与沟通技巧等。

（2）技能测试，就是对应聘者汽车驾驶操作技能的测试。一般通过实际操作的形式考察应聘人员的车辆驾驶技能，对道路及交通设施的意识，车辆故障的判断与处理，车辆的维护等。具备较高的驾驶技能，是做好一名教练员的基本要求。

（3）面试，又叫面试测评。通常情况下是在规定的时间和地点，主试人员围绕教练员的主要工作向被试人员提出一系列问题，要求被测试者当场口头回答。面试需要考查的主要内容有：应聘人员的语言表达能力；组织能力；对教学规定的理解和把握能力；应聘人员的仪容仪表等。

五、教练员的劳动关系管理

驾校通过招聘选拔等一系列程序，确定录用的教练员必须进行劳动关系的确定，即订立劳动合同。通常情况下，驾校的劳动合同分为试用期劳动合同和劳动合同两种形式。试用期劳动合同中规定的试用期一般不少于1个月，不超过3个月。在试用期内通过培训和进一步综合考察，看其是否具备岗位要求的能力，同时在试用期中也规定了双方的权利、义务和责任，以及解除合同的条件。通过试用期的观察，如果发现应聘者可以满足岗位的要求，就要进一步确定劳动关系，即订立劳动合同。

1 驾校劳动合同的概念及特征

驾校劳动合同是驾校与教练员确立劳动关系，明确双方权利和义务的书面协议，是双方建立劳动关系的法律证据。《中华人民共和国劳动法》（以下简称“劳动法”）等相关法律、法规规定，依法订立的劳动合同受国家法律保护，对订立合同的双方当事人产生约束，是处理劳动争议的证据和依据。

按照《劳动法》规定，订立劳动合同应采取书面形式。劳动合同的条款分为法定条款和协商条款，法定条款指法律、法规规定必须约定的条款；协商条款是根据工种岗位的不同特点，由双方选择约定的具体条款。例如，针对教练员岗位的特殊性，每个教练员基本是单人教练，而且相当时间内驾校不能直接监督。有的驾校就在协商条款中明确规定教练员违反交通法规被处罚的罚金由个人承担，由此所造成驾校损失进行赔偿，将其作为合同的附件起到了非常好的效果。当然，协商条款也应在法律、法规和政策的指导下商定。

劳动合同除了具有当事人法律地位平等，订立协议的合法行为、合法的协议是具有法律约束力等一般特征外，还具有自身的基本特征：一是劳动合同主体是特定的，即一方必须是驾校，另一方是具有劳动权利和劳动行为能力的劳动者；二是劳动合同是确立劳动关系的法律凭证；三是劳动合同的内容主要以劳动法律，法规为依据；四是特定条件下，劳动合同还可能涉及第三人的物质利益，如劳动者死后的遗嘱、待遇等。

2 驾校劳动合同的内容

驾校劳动合同的内容，即劳动合同的条款，是劳动关系的实质，它作为驾校与教练员就建立劳动关系协商一致的对象和结果，将双方的权利和义务具体化，劳动合同内容有法定必备条款和协商约定条款构成。《劳动法》第十九条规定劳动合同应当以书面形式订立，并具备以下条款：劳动合同期限；工作内容；劳动保护和劳动条件；劳动报酬；劳动纪律；劳动合同终止的条件；违反劳动合同的责任。劳动合同除前款规定的必备条款外，当事人可以协商约定其他内容，如违约金和赔偿金条款等。总之，就驾校来说，对教练员的劳动合同内容应充分体现其职业要求的内容。如职业道德内容：遵纪守法、文明礼貌行车的习惯、艰苦朴素、助人为乐的作风，这样规定，不仅能够树立驾校的形象，而且是构建和谐社会的责任，同时，也要考虑就补充奖励，福利待遇等内容做出约定。

3 驾校劳动合同订立、履行和变更

（1）劳动合同订立是指驾校和教练员就劳动合同的条款经过协商一致达成协议，并以书面形式明确规定双方的责任、义务和权利的法律行为。在订立时遵循以下原则：一是合法性原则。劳动合同的订立不得违反法律法规的规定。如驾校必须具备合法的主体资格，教练员必须是年满18周岁以上的成年人；二是平等自愿原则，任何一方不得将自己的意愿强加给对方；三是协商一致原则，当事人双方在充分表达自己真实意愿的基础上，经平等协商，取得一致意见后，方可签订合同。

（2）劳动合同的履行是指劳动合同依法订立后，双方当事人按合同规定的条款，完成合同规定的义务，实现合同规定的权利的法律行为。同时应遵循以下原则：一是亲自履行原则，既不能有他人代理履行；二是全面履行原则，劳动合同的内容是一个整体，不能分割履行，三是协作履行。

（3）劳动合同的变更，是指当事人双方依法订立劳动合同后，对尚未履行和尚未完全履行的劳动合同，依照法律法规规定的条件和程序，对原劳动合同的内容进行修改或

增减的法律行为。需要说明的是，劳动合同的变更对象，只限于劳动合同中的部分条款且符合一定要求。

4 驾校劳动合同的解除和终止

（1）劳动合同解除，是指劳动合同订立后，尚未全部履行以前，由于某种原因导致劳动合同一方或双方当事人提前终止劳动合同关系的法律行为。它既可以是当事人单方面的行为，也可以是当事人双方的行为。劳动合同的解除分为协商解除、法定即时解除和经济性裁员解除劳动合同四种。劳动合同的解除在《劳动法》第二十五条，第三十二条等条款中都有明确的规定，在这里不再详述。

（2）劳动合同的终止，是指劳动合同的法律效力依法被消失。在有关劳动法律法规中都明确了在一定法律事实出现后，可以终止和禁止终止的条件，以及终止后的经济补偿问题。

另外，对于劳动争议，也就是劳动关系双方当事人在各自权力利益方面产生矛盾以及处理机制。包括劳动争议的调节和仲裁，国家有关法律法规也都比较明确，这对维护驾校和教练员的权力是有利的保障。

六、教练员培训管理

教练员管理是驾校生存的一个重要因素，一个有生命力的驾校，需要拥有一支高素质的教练员队伍。花大气力吸引、培养、使用人才，是保证驾校在驾培市场竞争中持续、健康和快速发展的决定因素。要充分认识到教练员和驾驶员有着根本的区别，教练员要比驾驶员有更多的专业知识和安全意识，有丰富的实践经验和更高的操作技能，具有理论教学和实际操作教学能力，具备一个教师的素质和教书育人的品质。因此，教练员的培训和定期教育，对驾校的发展与生存尤其重要。

1 教练员培训的目的

驾校教练员培训的目的是通过培训向教练员传递驾校的核心理念，驾校文化、品牌意识以及岗位技能的标准要求，改善岗位人员的工作态度、专业素养及能力，增强驾校的比较优势，实现驾校的战略目标；另一方面将教练员的个人发展目标与驾校的战略发展目标统一起来，满足教练员自我发展的需要，调动教练员工作的积极性和热情，增强驾校的凝聚力。

2 教练员培训的原则

（1）理论联系实际，学以致用的原则。教练员培训要侧重针对性和实践性，以工作的实际需要为出发点。与驾校岗位的特点紧密结合，与培训对象的年龄、知识结构紧密结合。例如某驾校针对教练员的岗位，要求掌握汽车的构造与使用，在教授学员驾驶技能的同时教授学员对汽车使用过程中简单故障的排查与处理，使人们知道这家驾校不仅教学车，还教修车，受到了学员的欢迎。假若教练不懂汽车的构造与使用，就无法胜任岗位要求。只有通过培训，才能达到这一要求。

（2）全员培训与重点提高的原则。对于驾校的文化，职业道德等内容，要有计划有步骤地对全体在职人员进行培训，提高全员素质。同时用重点培训一批岗位骨干和管理人员。

（3）因材施教的原则。针对每个教练员的实际技能，特别是新教练员，要根据每个人的性格特点和能力，采用不同的培训方式和方法，使其尽快达到驾校的岗位要求。

（4）讲求实效的原则：每个驾校的具体情况不同，教练员的培训内容不在多，而在精。追求效果和质量，为此必须制定全面的培训计划，采用比较实用的培训手段。

（5）激励导向原则：引导教练员向建设学习型团队发展，将教练员的培训及自学同工资、奖惩、福利结合起来，让接受培训者某种程度上得到鼓励。

3 教练员培训管理内容

教练员培训分入门培训和在职培训两部分。入门培训针对的是新录用的教练员，培训的内容包括驾校的基本概况、校纪校规、专业基础知识、驾校文化、教学能力、组织能力，教学规范等内容。在职培训是对全体教练员的岗位培训，内容包括适应性培训、业务知识培训、专业能力培训、新知识培训、廉政教育培训、市场分析研究、教练法研究等。

教练员培训重点是总结和交流教学经验，提高和改革教学方法，解决教员队伍存在的问题和知识更新。教练员培训的一个重要环节，是不可忽视对老教练员的社会责任、安全意识、教学理念的再教育培训，要打破教练员已经形成的旧思维和传统理念，要在改造他们的客观世界的同时改造其主观世界，确保教练员队伍的纯洁和市场信誉。

具体培训管理内容：

（1）制订培训计划。制订培训计划是培训的第一步，也是培训目标、培训内容的具体体现，使培训工作具有可操作性。培训计划的制定是在广泛调研的基础上，根据驾校的发展目标，以工作岗位标准和服务质量标准为依据。找出自身的薄弱环节，明确培训的目的，确定培训对象，培训时间，培训内容，师资来源和培训经费等项目。

（2）明确培训管理负责人。通常情况下，由驾校负责绩效评估的负责人作为培训

管理的负责人，将驾校的培训、使用、评估作为一体，使培训的目标明确，针对性强，学以致用。

（3）入门培训。这是针对新教练员进行的。入门培训主要包括：驾校的基本概况，校纪校规，专业基础知识，驾校文化、教学能力，组织能力的培训。

（4）适应性培训。这是针对全体教练员的岗位培训，是对教练员综合能力的训练。把培训内容设定为4个模块，每个模块设3门训练内容，每门课程既是整体的一部分；又能独立成立，任意组合，灵活运用，内容互动，具有很强的实践性和指导性。

（5）提高性培训。针对教练员中的骨干进行管理技能、专业技术方面的专业培训。

（6）培训时间。一般根据驾校的实际情况和培训人数采用全托产、半脱产和全业余培训。

（7）培训教材。着眼于应用性并讲求实效的培训。不可能全部使用社会上的现成教材，可结合本驾校实际情况进行讲义的编写，以使培训在较短的时间取得最大的效果。

（8）培训方式可以采用集中授课讲授法、讨论法、案例法和实际操作结合的培训方式。实现培训的针对性和可操作的目标。

（9）师资队伍。建立以兼职教师为主导的师资队伍。一是从驾校内部选拔，二是从社会上聘请。

七、教练员的培养与教育

教练员的培养和教育，是驾校管理的一个最重要的环节。驾校如果没有一支高素质的教练员队伍，那将难于在市场上生存。现在驾校的教练员成分复杂，多数没有经过系统培训和严格考核，文化水平参差不齐，安全意识、专业水平不高，教学水平低下，传统观念根深蒂固，整体素质普遍较低。普遍存在着不恪守职业道德的行为，缺少自尊、自爱、自强，只练不教，索要财物等不廉洁的行为，在很大限度上制约了培训质量的提高。

1 教练员培养教育的目的

教练员培养教育的目的，就是通过培训、学习、研讨等多种形式，向教练员传递驾校的核心理念，驾校文化、品牌意识以及岗位技能的标准要求，改善岗位人员的工作态度、专业素养及能力，增强驾校的比较优势，实现驾校的战略目标。另一方面将教练员的个人发展目标与驾校的战略发展目标统一起来，满足教练员自我发展的需要，调动教练员工作的积极性和热情，增强驾校的凝聚力。

2 教练员培养教育的原则

（1）理论联系实际，学以致用的原则。

对驾校教练员的培养教育要坚持针对性、可行性、实用性，以教练工作的实际需要为出发点，与岗位的特点紧密结合，与教练员的年龄和知识结构紧密结合。

（2）全员教育与重点提高的原则。要有计划、有步骤地对全体在职人员进行驾校的文化、职业道德、安全意识、专业知识等内容的培养教育，提高全员素质。同时重点培训一批岗位骨干和高素质的管理人员。

（3）因材施教的原则。针对每个教练员，特别是新教练员的专业知识、教学水平、实际技能，要根据每个人的性格特点和能力，采用不同的培养教育方式和方法，使其尽快达到驾校的岗位要求。

（4）讲求实效的原则。对教练员的教育培养要制定中、长远教育计划，采用比较实用的培养手段和多种多样的教学形式，但内容不在多，而在精。追求实际效果和质量。

（5）激励导向原则。引导教练员向职业化发展，鼓励教练员通过不同的方式进行学习和提高，将教练员的业务能力、教学水平同其工资、奖惩、福利结合起来。

3 打造职业化教练员队伍

随着驾培市场竞争的日趋激烈，越来越多的驾校更加重视教练员队伍建设，教练员的素质已成为驾校之间比较优势的重要因素。教练员的素质和教学水平、方法，是确保驾校培训质量和社会信誉的重要环节。几年来，各省在培养新时期教练员方面做了大量的工作，采用办教练员大专班、短训班、对教练员进行再教育等多种形式，打造职业化教练员。另外，机动车驾驶教练员职业技能标准的出台已接近尾声，也将进一步推进教练员职业化的进程。

目前，社会上出现了很多从事教练员培训的学校、个体和个人，教学方法各抒己见，教学内容杂乱无章，有的甚至是在牟取暴利而不择手段，但经济效益很好，说明市场有很大的需求。因此，建立规范统一的教练员培训体制和教学模式，规范教学方法，提高教练员整体素质，打造职业化教练员队伍是十分必要的。

教练员的职业化，就是从根本上解决教练员的社会地位和从业资格的国家认可，成为一种固定的职业，根据不同的专业岗位等级，制定不同的职业标准。教练员的职业化，对于驾校的生存发展和稳定教练员队伍，提高教练员教学水平，培养教练员的敬业精神，立足本职，爱岗敬业，清正廉洁是十分必要的。

因此，大力提倡教练员的学历教育、职业培训、专业进修、职业评定等多种形式，是教练员队伍真正成为一支职业化的教学队伍的重要途径。

案例一：

教练员下班途中拉黑活将民警撞伤

2010年5月7日下午4时多，某驾校教练员从教练场下班回家途中收费搭载乘客，拉了黑活。行驶中遇见公安分局派出所整治校园周边非法运营车辆秩序，执法人员要求停车接受检查，教练员拒绝接受检查并驾车逃跑，一名民警在拦截时被撞伤。经法医鉴定民警腿部刷伤构成轻微伤。该教练员以暴力方法阻碍国家机关工作人员依法执行职务，其行为已构成妨害公务罪，鉴于被告人能够积极赔偿被害人的经济损失，认罪态度较好，判处拘役6个月缓刑6个月。

案例二：

教练场内学员练车闯大祸

2010年9月24日上午11时40分左右，某驾校教练场内，一名中年妇女学员驾车在场内训练时，错把加速踏板当成了制动踏板，直接撞向场地内的一男一女两名学员。其中，22岁的女学员当场死亡，男学员受伤。

案例三：

学员毕业时宴请教练，教练醉驾被警方处以刑事拘留

2010年11月13日，某驾校学员毕业宴请教练员，教练员酒醉后坚持驾车送学员回家，不料半路被民警拦下。该教练员因醉驾被警方处以刑事拘留15日、扣12分及罚款1500元的处罚。教练员醉酒开车送学员回家，这不仅会将自己和学员置于险境之中，也给学员上了一堂极不光彩的“最后一课”。

案例四：

教练员的“潜规则”

“潜规则”一：到指定饭店请吃饭。学员在驾校学车的时候，请教练吃饭是不成文的规定，只要上路练车，都要到教练指定的饭店去，每顿饭每人的花费都在100元以上，学员轮着请。一般情况下一个教练要带10多名学员，每天上车练习的机会本来就很少，如果不请吃饭，机会就更少了。

“潜规则”二：给教练员交“份子钱”。学员在驾校学车期间，教练三天两头让学员凑钱，或是去买水或是去唱歌，为了尽快考到驾照，大家对几十元的“份子钱”也就认了。曾有驾校学员说：让他们更无奈的是，临近考试，教练让他们凑钱给考官买东西，每人至少50元，说如果过不了关可以退回来。一名女学员说：“我刚来学车时，教练脾气很大，稍有不如意就高声指责。我很纳闷，我跟别的学员水平差不多，为啥老是对我呼来喝去的？后来，有人告诉我，教练的脾气是有规律的，脾气不好时你得买烟，起码也得是红塔山牌。果然，给教练买了一条红塔山香烟后，他对我的态度好多了，上车练习的时间也多了。”

“潜规则”三：考驾照要过关先交“保险费”。在考试前教练员私下收取学员考试过关“保险费”，少则100元，多者500元。一位女学员说：“在驾校学车的时候，她听一些已经考过科目三的师兄们提过，交了钱后通过率会高一些”。临近路考，带队教练私下授意我们要每人收取100元的保险费，给考试过关增加保险系数。当时教练说，交了钱学员放心，他也放心，如果过不了关，这笔钱就退还给学员。交了钱以后，当天考试结束后，多数人都已经通过。个别没通过的，教练员却说是学员当初没学好，钱也就不退了。

讨论：

1. 怎样打造优秀的教练员团队？

教练员团队建设具体应注意以下六方面。

第一，尊重。不懂得尊重人，一切都无从谈起。这个尊重不是来自“人人生而平等”，而是来自于坚信“只要是教练员，就有比自己强的地方，就有用”。这个尊重是有形的，是可以看得出来、感觉得到的，比如说：你对教练员的守时、守信、虚心听取意见等。最大、最可贵、最有效地尊重是信任!这体现为对教练员团队成员的合理、有效的授权和委任。

第二，沟通。好的沟通就像一个灵敏有效的神经系统，又像是机件运行的润滑剂。沟通的手段多种多样，自己比较喜欢用的有：聊天。有人曾经问我：怎么整天见你跟人聊天啊?我的回答是：聊天也是工作。因为，那不是乱聊的，尤其在时机和话题的选择上。目的只有一个——拉近距离，融洽气氛，了解情况，施加影响。还有比较喜欢用的就是娱乐，尤其是下棋、打牌、喝酒，这三项活动最能体现人的性格，想藏都藏不住。性格无所谓优劣!最重要的是要因人而异，善加利用。通过合理的组合，减少冲突，增强合力。

第三，服务。这是教练员团队建设的核心内容。要立足于服务，给团队成员创造出一个良好的工作环境。服务既是工作上的，也是生活上的，都要尽可能细致、周到。服务做好了，管理基本上也就到家了。这里需要指出的是：服务不等于迁就，是有原则的，也是在自己能力范围内的。还有，在这个过程中，会有不少误解、委屈，也会很“吃亏”，没办法，谁让你是头呢，如果你想把工作做好，这些你都得认喽，吃这些小“亏”占“工作做好”这个大“便宜”。等成绩出来的时候，那些误解、委屈也就没了，你收获的将是一帮多少年后都还彼此眷顾、相互信任的朋友和一段美好的回忆。

第四，协调和组织。也就是把合适的人放在合适的位置上，这与尊重、沟通和服务是连在一起的。把前几项做好了，协调组织基本上就是个水到渠成的问题。有两个需要注意的方面，一是要注意实际情况，因人就势;一是要注意尽可能多地、合理地授权，管得越少越好。

第五，激励。物质奖励是必要的，但一定要慎用、少用。因为，好事往往会变成坏事，尤其对于时下的觉悟不高的人而言。不但起不到激励的作用，反而造成不必要的麻烦，增加攀比、猜忌等矛盾，破坏气氛。而且，如果只是靠物质刺激来激励的话，就说明组织、薪酬体系有问题。激励更多的应该是精神层面的，最有效的就是对人真诚的尊重和信任、充分有效的授权和对成绩及时有效的肯定。如果能真正重视团队成员的意见并给予充分、有效、适当的授权，完成任务时给予及时的

肯定，失败时给予真诚的帮助和鼓励，这样的激励作用要来得强烈和持久。“士为知己者死”，虽然没必要那么夸张，但作用绝不可低估。每个人都希望自己的工作获得认可，及时、公开的表扬就显得很重要了，那代表着认知、肯定和认同。

第六，导向。也是最重要的，就是个导向问题。前面提到的种种，都要以一个原则为导向，那就是：产生合力，达成共识，最终目的是要把工作做好。这是基本准则，也是衡量团队建设成功与否的标准。

2. 如何提高教练员团队的执行力

所谓执行力，对个人而言执行力就是办事能力；对团队而言执行力就是战斗力；对教练员团队而言，执行力就是完成驾校肩负着神圣的使命和社会责任，不仅仅是对学员驾驶操作技术的培养，更重要的是传授给学员安全行车的知识和处置交通情况的能力，培养学员的安全意识和遵章守法的意识，是驾校管理成败的关键。现实中，执行力差是驾校的最大内耗，不仅会消耗驾校的大量人力、财力，制约了驾校的发展。对如何提高教练员团队的执行力，可以仁者见仁、智者见智，但最有效、最直接的办法还是对教练员团队的绩效考核。虽然考核的指标不尽相同，但基本思路是一致的。目前基于教练员绩效考核的方法主要从设立目标、检查评估和奖罚分明三个方面把握。

一是设立目标。明确而具体的目标能够提高工作绩效；困难的目标，一旦被人们所接受，会比容易的目标带来更高的工作绩效；有反馈比无反馈能够带来更高的工作绩效。由于各个驾校的情况都不尽相同，绩效考核方法应根据自身的情况，实事求是，具体问题具体分析，统筹考虑德、能、勤、绩四个方面。具体到对教练员考核的绩效目标设立，有的驾校是学员的合格率、安全事故、学员投诉与表扬、遵守驾校制度情况等。

二是检查评估。绩效管理不是设立了目标后，校长就可以听之任之，只待月底考核。人是有惰性的，还需要不断地鞭策、激励。检查评估的过程不是为了惩罚，而是教会教练员如何做好。检查评估不是追究既往，而要面向未来，总是揪住教练员的错误不放，只会让教练员丧失对工作的信心；而只知道表扬教练员过去的成绩，也会助长自满的情绪。检查评估要基于过去、指导未来。

三是奖罚分明。奖罚分明才是真正公平，但真正做到奖罚分明却绝非易事，在一些驾校中，教练员个人收入中的固定部分所占比例过大，而与绩效挂钩的浮动部分所占比例过小。这就在一定程度上造成了不管教练员干多干少、干好干坏，其收入相差很小的现象。这需要驾校根据自身的特点，制定出合理的奖惩制度，减少固定部分，提高绩效浮动部分，做到福利保障公平，奖金作为激励并真正贯彻执行下去，才能真正体现公平，才能真正调动教练员的积极性。

聘用教练员的正确观念

观念一：坚持教练员的德才标准。教练员的一言一行、一举一动都会给学员以潜移默化的作用，一个品行不端的教练员，其所培养的驾驶员也会受其影响。因此，作为教练员离开德谈才，就会失去正确的方向，离开才谈德，德可能成为空谈，德是前提，但有德无才，就不能对驾校做出成绩，做出贡献。在坚持德才标准中要注意勿求全责备，“人无完人，金无足赤”，扬其长，避其短，就能避免埋没人才。

观念二：教练员的职业特点决定了驾校的发展，优秀教练员最昂贵，宁愿高薪聘优秀的人才，绝不低薪聘品质差的教练员。

观念三：人才就是合适的人。对驾校来说，教练员选拔要选最合适的人，而不一定是最好的人。

观念四：要让能者上、让庸者下。对驾校来说，要加强教练员队伍的培养和管理，使教练员与车辆经常保持最佳比例，要建立必要的教练员储备和退出机制，这既是对教练员的激励，也是对教练员的约束。

观念五：讲团队，不要讲义气。对驾校来说，讲义气永远实现不了驾校的规范化和标准化。

教练员绩效考核办法

第一章　总则

第一条　为完善学校工作考核办法，规范考核工作，正确评价教练员的工作绩效，进一步提高管理水平和工作效率，实现学校持续、稳定的发展，结合本校实际，制定本办法。

第二条　本办法适用于本校驾训教练员。其他工作人员考核可参照执行。

第二章　考核内容

第三条　教练员绩效考核内容主要是德、能、绩、勤四个方面，重点考核工作实绩。

（一）德：主要指教练员思想道德品质表现。侧重从职业道德和社会公德两个方面考核。

（二）能：主要指业务知识和工作能力。侧重从驾训理论水平、业务工作能力、学员协调管理能力等三个方面考核。

（三）勤：主要指工作态度和敬业表现。侧重从出勤情况和工作表现两方面考核。

（四）绩：主要指履行岗位职责，完成目标任务的工作数量、工作质量、效益和贡献。侧重从本职位设置的考核要素与量化指标的实际完成情况方面考核。

第三章　考核标准

第四条　考核的标准以教练员的《教练员岗位职责》和所承担的工作目标任务为基本依据。分五个等次。

（一）五星级：德、能、绩、勤四方面均表现突出，敬业爱岗，无私奉献，具有高尚的职业道德和社会公德；以校为家，工作认真负责，努力学习业务，教学水平高，服务态度好，学员考试合格率在95%以上；节油爱车，重视安全，无事故、无投诉、无违纪现象；积极完成学校交给的各项任务；受到大量学员表扬，为驾校创造良好声誉，在学校师生员工中有很高的威信，起到模范带头作用。

（二）四星级：德、能、绩、勤四个方面均表现较好，敬业爱岗，勇于奉献，具有较好的职业道德和社会公德；工作认真负责，努力学习业务知识，教学水平较高，服务态度好，学员考试合格率在90%以上；节油爱车，爱护公物；重视安全，无事故、无投诉、无违纪现象；积极完成学校交给的各项任务；在学校师生员工中有较高的威信，起到一定的模范带头作用。

（三）三星级：敬业爱岗，具有良好的职业道德和社会公德；工作认真负责，努力学习业务，教学水平较高，服务态度较好，学员考试合格率在80%以上；节油爱车，爱护公物；重视安全，无事故，每月投诉不超过1次、违纪不超过2次；能完成学校交给的各项任务，在学校综合表现中等。

（四）二星级：能够敬业爱岗，具有较好的职业道德和社会公德；工作能认真负责，注意学习业务知识，教学水平一般，服务态度一般，学员考试合格率在70%以上；节油爱车，爱护公物；重视安全，无事故，每月投诉不超过2次、违纪不超过4次。能完成学校交给的部分任务。

（五）一星级：德、能、绩、勤四个方面均表现一般，具有一定的职业道德和社会公德；能服从工作安排，工作认真负责，业务技能一般，教学水平一般，服务态度一般，学员考试合格率在60%以上；节油爱车，爱护公物；较重视安全，全年事故不超过2次，每月投诉不超过3次、违纪不超过5次。

第四章　考核办法

第五条　教练员绩效考核实行量化打分，总分为100分。

第六条　绩效考核采取当月考核和年度考核相结合的方法进行。

第七条　当月绩效考核的主要内容是：被考核人的出勤情况、完成工作的数量和质量、服务态度，执行规章制度得分等情况。主要由所在部门及相关管理科室负责进行，驾校将不定期进行抽查。

当月绩效考核中，按下列要求对教练员进行考核赋分：

（一）学员考试不合格扣教练员分数每人次扣10分。

（二）教练员缺勤每天扣5分。

（三）执行规章制度情况赋分按《教练员违纪违规扣分细则》执行。

（四）由人事部门负责将每个教练员赋分汇总。

第八条　年度绩效考核得分由每月考核得分、个人自评得分、民主测评得分、领导评定得分四个部分组成，各部分所占权重比例为7：1：1：1。

（一）被考核人对年度内德、能、绩、勤四个方面情况进行全面总结。在所属教练队内述职赋分。

（二）按教练队召开教练员大会，对全体教练员及工作人员进行民主测评，确定测评所得分值。

（三）分管领导对所分管的教练员进行打分，确定出领导评分分值；

（四）对每位教练员所得分值进行汇总，并按权重和扣分情况计算出教练员绩效考核综合得分。考核结果通知被考核人。

第五章　考核等次确定

第九条　教练员绩效考核等次为五星级、四星级、三星级、二星级和一星级。

第十条　教练员考核得分以满足《岗位

职责》要求为基础，赋分100分作为基数，根据第四章考核办法考核后扣分，所得分数作为确定考核等次的主要依据。

（一）绩效考核总计得分90分以上的，确定为五星级。

（二）绩效考核总计得分80分以上的，确定为四星级。

（三）绩效考核总计得分70分以上的，确定为三星级。

（四）绩效考核总计得分60分以上的，确定为二星级。

（五）绩效考核总计得分50分以上的，确定为一星级。

第六章　考核结果的使用

第十一条　考核确定的星级与工资、奖金、福利挂钩。

第十二条　教练员年度考核得分确定的星级，在下一年内有效，挂牌上岗，享受与此相对应的工资、奖金、福利等待遇。

第十三条　连续3年被确定为五星级或连续5年被确定为四星级以上等次的，可在本星级对应级别内晋升一级级别工资。对绩效（表现）特别突出的，可根据实际情况给予记功或嘉奖。

第十四条　教练员每月考核所得分数与相对应星级标准分数比较，连续3个月得分达到高星级分数的，下一个月享受高一星级的待遇。保持高星级得分，则享受高一星级待遇，不能保持则恢复原星级待遇。

第十五条　每月考核所得分数与相对应星级标准分数比较，连续2个月得分为低星级分数的，下一个月则享受与得分相对应的星级待遇。

第十六条　对连续2年考核为一星级以下的，不胜任现职工作，又不接受其他安排的，予以辞退。

第七章　考核的组织

第十七条　学校设立非常设的教练员绩效考核领导小组，负责全校教练员和其他人员的绩效考核工作。领导小组由相关领导和人事部门组成，日常事务由人事部门负责承担。

第八章　附则

第十八条　本办法由人事部门负责解释。

第十九条　本办法自2010年×月×日起施行，过去有关规定凡与本办法不一致的，以本办法为准。

服务学员　真诚相待

驾校学员管理

真诚地对待每一位学员，用优质的服务为学员提供良好、宽松的学习环境，让每一位学员在驾校学习中，始终觉得和谐、温馨、愉悦和满足，是优秀驾校提倡的服务理念。只有做到诚实守信，服务学员，才能真正赢得学员的尊重和社会的认可。

一、学员管理的重要性

学员是驾校立足之本、生存之源。学员管理是驾校的中心工作，学员管理水平是办好驾校的关键。只有秉承对学员认真负责的态度，实行以人为本、和谐民主的管理方法，才能为驾校的稳步发展、提高打下坚实的基础。

1 驾校学员的特点

驾校培训学员成分比较复杂，年龄差距较大，文化素质参差不齐，潜藏着复杂的社会问题。由于大多学员都不在驾校住宿，到校学习时间没有规律性，学员的管理处于松散状态，往往被驾校所忽视。另外，驾校教学过程在动态中进行，学员基本上是以教练车为单位，分散管理难度大。

学员在驾校学习，最关心的是如何学习驾驶技术，顺利考取驾驶证。驾校最关心的是学员在培训的过程中有没有问题？学员是不是满意？而这些问题却又是互相影响的，学员对驾校的工作感到满意，会提高驾校的声誉，从而提高招生量。驾校的服务质量、训练的保障机制、工作人员和教练员的工作情况、考试的合格率，都会影响学员对驾校的满意程度，这就构成了学员管理的全部内容。

2 驾校学员管理理念

驾校要树立“以学员为中心，以教练为主体”的管理思想和“管理就是服务，服务重于管理”的管理理念，始终坚持以人为本、服务学员，提倡平等和谐的师生关系，共同研讨训练技术，真诚相待，相互了解，沟通情感，相信学员的潜能，引导学员培养创造性思维能力和安全意识。

驾驶教学存在着一定的风险性，稍有不慎就会引发安全事故，驾校对学员的管理会直接影响到教学安全。驾校对学员的管理理念和方法、教练员的管理能力和教学水平，会在一定程度上影响学员对驾校的评价，相应也会影响社会对驾校的认可程度，进而对驾校生源产生影响。驾校要通过有效的方式

和方法对学员进行管理，维护驾校的秩序，提高培训质量，保护学员的合法权益，保证驾校的健康发展。

二、学员管理的原则

1 依法管理原则

驾校对学员的管理过程是从学员报名开始，到学员掌握机动车安全驾驶技术，并协助其通过考试和取得驾驶证的全部活动。其实质是驾校和学员双方构成了一种合同关系，这种合同关系应遵守《中华人民共和国合同法》、《机动车驾驶员培训管理规定》、《中华人民共和国道路交通安全法》等相关规定，同时驾校应结合自身条件制定驾校的《学员管理制度》，并将制度的内容体现到双方签订的培训合同中。

2 精细化管理原则

由于学员构成多样化，学员管理事务变得繁杂、琐碎。学员年龄、知识背景、职业、性格和身体状况等各个方面都不相同，学习兴趣、习惯和接受能力有着很大差别，文化水平参差不齐。因此，学员管理工作应“在细字上做文章，在实字上下功夫”。驾校要细化培训方式，如开设日常班 、双休班 、夜训班 、预约课时班、中老年特训班 、VIP计时学车班 、贵宾班等培训形式，不断满足不同学车群体的诉求。

驾校要承认和尊重个体的差别，有针对性地区别对待学员，实行精细化管理，将学员管理覆盖到每一个过程，控制到每一个环节，规范到每一个步骤，具体到每一个动作，落实到每一个人员。 在精细化管理中，关键要突出一个“细”。一是严格制定和实施规章和工作程序，坚持制度面前人人平等。二是善于运用现代管理方法和信息手段，积极探索和掌握学员管理工作的客观规律。三是在学员管理过程中，每一个环节必须考虑到，不忽视微小的管理漏洞。四是落实管理责任，将管理责任具体化、明晰化，要求管理的过程条理清楚、层次清晰。五是把工作做具体、做扎实，追求一种精益求精的境界，使驾校的学员管理水平迈上一个新的台阶。

三、学员管理实务

1 报名管理

报名管理是驾校对学员服务的开始。驾校报名管理应由（相应的部门）专人负责，并建立制度、明确职责，以方便学员为原则，尽可能设立多种报名方式，如在驾校直接报名、上门接受报名、网上报名、电话报名、接受团体报名、到行业管理部门设立的集中报名大厅报名等。驾校无论采用何种报名方式，都要求负责接待报名的人员，不仅应具备良好的职业道德和精神面貌，还应熟悉相关的法律法规、驾校的情况和学车的流程。接待报名的人员不仅要提供咨询服务，还要承担对学员的告知义务、条件的审查义务和办理相应的手续及签订培训合同。

2 收费管理

收费管理是驾校是否诚信的重要标志。驾校要建立内部监督机制，分管财务的领导负责收费管理，收取培训费由财务部门办理，其他部门和个人不能收取任何费用。收费要接受社会监督，在收费公示板上要同时公布交通行业管理部门、物价部门和学校的收费投诉电话，防止乱收费。

驾校的所有收费要实行公示制，严格执行物价部门核定的收费项目和标准，并在驾校报名厅、驾校广告宣传媒介、驾校网站公示收费标准，做到亮证收费，明码实价。收费项目和标准变动时应及时更换公示板上的内容。驾校为其他部门代收费用时，要注明被代理的单位及收费依据。

培训费应按培训形式收取，参加正常班培训的实行一票制，一次收齐；参加学时制预约培训的，按预约小时收费。收费后要出具正式发票。学员办理入学手续后或预约参加培训前到财务部门缴纳培训费。除预约培训收费外，不能多次收费。

3 结业考核管理

结业考核管理是发放学员结业证的必经程序和依据，是检验教学质量的重要途径，凡是参加机动车驾驶培训的学员都必须参加

并通过结业考核。结业考核应按交通运输部和公安部发布的《机动车驾驶培训教学与考试大纲》的规定进行，学员结业考试成绩由结业考核人员填写在学员结业考核单上，输入计算机登记并保存。

结业考核人员应定期总结考试情况，根据考试中暴露出来的问题改进教学方法，不断提高培训质量。管理部门根据学员考试成绩及时发放学员结业证，并保存学员相关档案。

4 档案管理

驾校要建立学员档案台账，一人一档，台账内容包括：学员登记表、教学日志、培训记录、学员身份证复印件、增驾学员原驾驶证复印件、学员培训合同、结业考试成绩单、结业证书复印件等，培训学员档案保存期不少于四年，三年内备查。

案例：

《学员管理制度》文本

为加强对学员的管理，维护驾校秩序，提高教学质量，保护学员的合法权益，根据《中华人民共和国道路交通安全法》和《机动车驾驶员培训管理规定》等相关规定，结合本校实际，制定本制度。

(1) 自觉遵守国家法律和法规，维护和遵守社会秩序、社会公德；

(2) 加强组织纪律性，严格遵守交通法规和机动车操作规程；

(3) 如实申报有关个人资料，配合学校工作人员做好学员登记表等相关登记工作；

(4) 尊敬教练员，言行礼貌，服从管理，团结同学，互帮、互助、互学；

(5) 按教学大纲完成培训学时，认真填写培训记录；

(6) 未经教练员同意，学员不得私自起动和单独驾驶教练车辆；

(7) 驾驶训练时严禁吸烟、饮食和闲谈，严禁酒后训练；

(8) 严禁穿高跟鞋、拖鞋和裙子参加实际驾驶操作训练；

(9) 培训期间，不准宴请教练员和学校其他人员，也不准向其送礼；

(10) 在教练场内要注意保持环境卫生，不随地吐痰，不乱扔弃物；

(11) 爱护教学设备和设施，不得随意破坏，否则照价赔偿；

(12) 不迟到、不早退、不旷课、不扰乱教学秩序；

(13) 不骂人、不打架、不饮酒、不赌博；

(14) 珍惜时间，讲究效率，注重实际培训学习效果，积极反映学校在教学、服务和廉教等方面存在的问题。

讨论：

学员路考身亡，驾校应该承担赔偿责任吗？

27岁的某学员，于2009年3月报名到某驾校学习汽车驾驶，并交纳培训费用3000多元。在2009年5月参加道路考试结束后突然倒地，经抢救无效死亡。事情发生后死者家属认为驾校对该学员死亡应负一定责任，多次就此事协商没有结果，家属遂将驾校诉至区人民法院。

1. 法院的判决

2010年5月，法院开庭审理了此案，法院经调查审理认为：该学员报名参加驾校的机动车驾驶培训学习，自其向驾校报名时即和驾校存在了教学服务法律关系。驾校作为整个教学服务的组织者，应该在合理范围内承担安全保障义务。而在5月25日实际路考过程中，驾校由于缺乏对学员可能发生身体损伤、突发疾病等事件的预见，没有安排相应的现场急救人员随同考试。在学员考试完毕后出现突发疾病、危及生命的意外时，没有专业医护人员现场实施必要的紧急救治措施，致使学员死亡。驾校在对学员的施救方面存在疏漏，故法院在2010年6月判决驾校赔偿叶某家属129384.31元。

2. 驾校的辩护

（1）考试的组织者是公安局道路交通管理局车辆管理所，驾校不是5月25日道路驾驶技能考试的安全保障责任人，不承担安全保障义务，依法不应对学员的突发疾病死亡承担人身损害赔偿责任。

（2）学员的死亡原因是自身疾病突发死亡，没有任何外界因素的作用。校方在学员突发疾病之时，已尽最大努力对其进行救治和拨打急救电话，校方没有任何责任，且学员的死亡与校方在2009年5月25日道路驾驶技能考试科目的行为没有任何因果关系。

（3）学员作为完全民事行为能力人，在报名参加机动车驾驶培训时，没有按照我国法律规定如实申报自身健康状况，对其自身生命安全没有尽到合理的注意义务，造成其在考试过程中突发疾病死亡，死亡的后果应由学员自行承担。

3. 律师的声音

（1）本案死者在参加路考过程中身亡，为规避此类风险，驾校应该在培训学习过程中配置相应的急救设施和人员，否则，学员在学习过程中出现意外，驾校存在承担赔偿责任的风险。

（2）目前我国相当部分驾校尚未配置救护设备和急救人员，而机动车学习由于其学习的特殊性极易让学员产生紧张等情绪诱发疾病或驾驶车辆发生意外，更凸现出改变这一现状的紧迫性。

如何解决学员关心的问题

驾校在招生工作中一般都会尽量满足学员提出的要求，提高招生量。那么驾校的承诺如何兑现，对驾校后续招生、发展起着关

键性的作用。学员的活广告作用，会让一个驾校生意红火，也会使一个驾校冷冷清清。答应了学员的要求，如何不折不扣地变为现实，应重点考虑两个方面的问题：一是满足的可能性，近年来随着行业管理的各项规定越来越严格，培训环节管理更细致，考试监管更加严格。由于此种原因，现在学员的培训变得越来越规范，满足学员的要求就变得更加复杂。二是如何来操作，由于培训管理目前变得比较复杂，而且监督比较严格，如果要满足学员的需求，只有在学员管理上更加细致化，更加规范化，才能兑现驾校的承诺。因此，驾校应树立“以学员为中心，以教练员为主体”的管理思想和“管理就是服务，服务重于管理”的管理理念，通过有效的方式和方法对学员进行管理，维护驾校的秩序，提高培训质量，保护学员的合法权益，保证驾校的健康发展。

及时处理培训中学员受到不公正的对待

不公正对待的界定：采用暗示或公开的方式索要小费，对不付小费的学员采用故意刁难、挖苦、谩骂、减少训练时间等报复手段；以通过考试为条件谋取个人利益；以及其他对学员的性别、年龄歧视等。

对学员提出受到不公正对待，“要求驾校予以纠正”的要求，驾校应认真对待，做好记录，及时调查认证，一旦情况属实，必须及时进行处理，并将纠正的内容及学员是否认可的态度记录在案，以备查用。

延伸阅读：

《机动车驾驶员驾驶培训合同》（以下简称《合同》）内容界定

1. 制定的法律依据及原则

1）制定培训《合同》的法律依据

《中华人民共和国合同法》、《中华人民共和国消费者权益保护法》、《机动车驾驶培训教学与考试大纲》、《机动车驾驶证申领和使用规定》等。

2）制定培训《合同》的原则

（1）自愿、平等的原则；

（2）《合同》内容一致的原则。

2. 提供培训与考试的法规依据

1）出示证照

（1）营业执照；

（2）道路运输经营许可证；

（3）税务登记证。

2）培训、考试依据

（1）交通运输部和公安部颁布的《机动车驾驶培训教学与考试大纲》；

（2）公安部颁布的《机动车驾驶证申领和使用规定》。

3. 培训过程的约定及承诺

1）培训种类

培训种类指驾驶证的种类，如A、B、C等；车型指乙方选择用于培训的车型，如普桑、吉普车等；驾驶证种类的选择必须与车型的选择匹配。

2）预约登记制度

建立预约登记制度及操作办法，通知学员要有记录、台账等，以备查用。

3）履行承诺

（1）必须按《合同》约定的驾驶证种类及车辆为乙方提供理论与实际操作培训。

（2）培训周期不超过约定的时间（如90天以内）：即取得《机动车驾驶技能准考证明》到科目三考试日止。允许缩短，不允许超出。

4. 培训收费

1）培训费用

培训费用指培训费及代办费总和。

（1）培训费指道路交通安全法律、法规和相关知识的培训及场地驾驶、道路驾驶技能的培训所发生的费用。

（2）代办费指科目一、科目二、科目三首次考试费；首次科目二、科目三考试设备租赁费；驾驶证工本费。

（3）双方约定的其他收费包括：科目二、科目三现场模拟考试培训费、交通费、体检费、拍照费等。

2）收取费用

（1）培训费用的收取要严格遵守有关规定，依据工商、物价部门核准的价格收取，不得私自设立收费名目；

（2）其他收费必须以乙方自愿为前提，收费应公示，不得搭载收费，不得变相多收费；

（3）培训费用必须要填写大写金额。

5. 权利与义务

1）驾校的权利和义务

（1）必须按《机动车驾驶培训教学与考试大纲》的培训项目、学时要求进行培训；

（2）在规定的区域（或经营性教练场）进行培训；

（3）必须向学员提供经政府部门核准、认定、合格的教练员、教练车辆；教练车辆必须安全、可靠；

（4）驾校应按交通法规和培训规程对学员进行及时的安全宣传教育；

（5）教练员必须做到“人不离车”，学员在得到教练员默认或同意的情况下操作教练车，发生的人身安全、车损事故，应由驾校承担责任。

2）学员的权利和义务

（1）必须按《机动车驾驶培训教学与考试大纲》规定的项目与学时完成培训，体现了学员的根本利益，也体现了学员享有的权利，这是制定本《合同》的重要目的之一；

（2）在无教练员指导的情况下，学员不得擅自操作教练车，否则要承担相应责任；

（3）《机动车驾驶员培训学员登记表》、《机动车驾驶员培训教学日志》、《机动车驾驶员培训记录》是重要的培训记录和法律文书，学员要自觉填写或签字确认；

（4）学员提供的证件包括：身份证或临时居住证，体检证明；外地学员报名时，需在公安网上查询其在当地是否有学车记录。

6. 违约责任

1）驾校原因造成培训周期延长

（1）未及时通知学员或未及时通知到学员；

（2）教练车故障；

（3）预约学员出现误差；

（4）确定为驾校原因造成培训周期延长，以每个自然日为标准退还学员费用，但国家法定节假日及政府部门限制培训日除外。

2）学员原因造成培训周期延长

（1）不按通知培训或考试（如生病、出差、出国等）；

（2）考试不合格或多次考试不合格需补考；

（3）学员愿意继续参加培训，驾校以每个自然日每日收取费用；

（4）如学员不愿意继续参加培训，应及时做好注销《机动车驾驶技能准考证明》手续。

勤以创业　俭以经营

驾校财务管理

驾校作为企业，财务管理是驾校管理的一个重要组成部分，是根据财经法规制度，按照财务管理的原则，组织驾校财务活动，处理财务关系的一项综合性的经济管理工作。

一、驾校财务管理目标

驾校财务管理包括筹资的管理、投资的管理、营运资金的管理、收益分配的管理。财务管理的目标是实现驾校利润、股东财富、驾校价值的最大化和相关利益最大化。驾校不仅考虑债权人、股东等相关方的利益，也考虑驾校员工、学员以及驾校社会责任等因素，力求使各方利益达到最大化。

1 提高经济效益

提高驾校经济效益是财务管理目标的关键核心,没有经济效益就没有利润，没有利润，就没有资本保值与增值,也没有利润最大化和驾校价值最大化。提高经济效益要注重精细化管理，提高资金利用率，节能挖潜，减少事故和提高社会效益。

2 提高竞争能力

要提高驾校竞争能力，就要不断提高驾校财务管理目标体系中的营运能力、盈利能力和偿债能力。营运能力是指驾校根据外部市场环境的变化，合理配置各项培训要素的能力，对盈利能力的持续增长和偿债能力的不断提高均有着决定性的影响。盈利能力是指驾校赚取利润的能力，是偿债能力的基础。偿债能力是指驾校偿还各种到期债务的能力。驾校只有具备了这三种能力，才能在市场竞争中立于不败之地。

二、驾校内部财务管理与控制

1 驾校财务管理与控制的原则

（1）合法性原则。驾校的财务管理要严格遵循国家制定的法律、法规和规章制度。

（2）适用性原则。适合驾校的组织形式和管理特点，并根据内外部环境的发展变化及时调整完善。

（3）制度性原则。有关规定和措施应予以制度化、条文化，并经过一定的程序发布实施，具备规范和约束效力，不得随意修改、变更。

（4）全面性原则。全面规范和完善驾校校长治理结构的各个层次、经营管理各部门、财务管理各环节的财务权责和财务活

动，找准关键控制点进行有效管理和控制。

（5）权责性原则。合理设置机构、岗位，明确其权责并做到不同机构和岗位之间权责分明、互相制约、相互监督。

2 驾校财务管理与控制体制

（1）组织机构。在校长治理结构、管理机构和财务管理部门中建立健全内部财务管理与控制组织结构。校长组织拟定并实施驾校内部财务管理与控制制度，驾校财务部门是财务管理与控制的主要职能部门，其他职能部门配合财务部门，将财务管理与控制制度落实到各部门。

（2）财务人员的管理。财务负责人由校长提名，校务会批准后任命，财务负责人根据确定的职责和权限开展工作。财务部门制定财务人员任职资格、岗位设置、竞争机制、奖励、继续教育等管理制度，一般财务人员对财务负责人负责，并对驾校负责。

（3）内部牵制机制。实行严格的职务分工分离制度：授权批准职务与执行业务职务相分离；业务经办职务与审核监督职务相分离；业务经办职务与会计记录职务相分离；财务保管职务与会计记录职务相分离；业务经办职务与财产保管职务相分离。制定严密的授权控制制度，将所有经营活动都纳入授权管理范围。建立和完善财务管理控制岗位制度，对每一个工作岗位的设置都应有相应的书面规定。驾校重要职务和内部财务管理与控制关键岗位应实行回避制度，包括亲属关系回避和工作回避。

3 驾校财务管理与控制的基础工作

（1）建立健全原始记录管理制度。严格规定经营活动各环节的原始记录工作，统一规范各种原始记录的格式、内容、填制方法、签署、传递、汇集和审核的责任要求。

（2）建立健全定额管理制度。规定定额管理的范围，明确制定和修订定额的依据、程序和方法，制定定额的执行、考核和奖惩办法。

（3）建立健全财产清查制度。明确财产清查的范围，财产清查的组织，各类财产清查的期限和方法。规范各项物资财产的转移、毁损、买卖、报废的管理制度及相关手续。规定固定资产台账制度和低值易耗品的保管使用制度，建立定期和不定期财产物资盘存制度。

（4）建立健全内部稽核制度。明确内部稽核工作的组织形式、具体分工、职责、权限，规范审核凭证、复核账簿、报表的方法。

（5）建立健全财务分析制度。凡是有财务核算的环节都应有财务分析，驾校应明确各环节财务分析的主要内容、基本要求、组织程序、具体方法和便携要求。

（6）实现财务管理现代化。积极推行会计电算化、电子商务和电子结算，建立健全驾校内部财务的信息网络，实现财务管理的信息化，利用先进管理控制程序和手段实现内部财务管理与控制的快捷、高效。

4 驾校资产的管理与控制

（1）资金。经常结合自身经营活动的发展变化核定最佳的资金持有额度，合理组织闲置资金的投资，实现资金效益的最大化。同时，实行严格的内部牵制制度，加强资金的收支和保管业务，建立严格的授权审批制度，明确各项结算纪律，确保资金的安全完整。

（2）应收款项。在应收款项管理中，要制定科学的信用政策，注重应收账款的日常监督分析，控制发生规模和具体发生对象，并和驾校奖惩措施有机结合。

（3）固定资产。建立固定资产的内部控制制度。具体包括教练车和教学设施设备的购入、保管、出借、内部转移、报废等管理制度，明确驾校内部各职能部门、各环节的责任和管理权限。

（4）在建工程。建立科学的固定资产投资决策程序，建立工程项目投资责任制，加强财务预测，做好可行性研究，建立工程立项审批制度、工程预决算审查、竣工验收及考核制度，保证工程质量和及时交付使用。

5 负债与所有者权益的管理与控制

（1）建立健全负债预测分析制度，包括有偿资金需要量的预测、资金预算的编制、资金成本的分析等。选择最佳筹资渠道，确定合理的负债规模和负债结构。同时，建立健全防范风险制度，降低有偿融资成本。

（2）区分流动负债和长期负债，进行分类管理和控制，加强对应付账、应付票据、预收账款等的控制，既要提高资金利用率，又要制订合理的债务清偿计划，保证驾校良好的商业信用。

（3）对资本金应按投资主体实行分类管理，健全实收资本验收入账的各项程序和增资扩股办法，明确出资责任，建立健全资金保全制度。

6 成本费用的管理与控制

（1）建立健全成本分级归口管理制度。将成本总目标分解为有关部门、单位、个人的管理目标，规范招生、财务部门与其他业务部门在成本管理中的关系，明确各部门成本管理和成本控制的内容。

（2）认真进行成本效益分析。在内部各部门运用目标成本控制、标准成本控制、质量成本控制等方法进行成本控制。

（3）建立健全费用管理控制制度。明确管理费、财务费、教练车维修费、燃油费等费用计划的编制方法，建立严格的费用预算和费用审批制度，明确各项费用权责归属，规定财务部门与业务部门、教学部门、管理部门在费用管理控制上的关系。

7 收入、利润及分配的管理与控制

（1）建立利润的预测及分析制度。建立完善的量本利分析系统，认真预算分析招生量和培训收费，合理确定驾校的保本点、保利点和目标价格、目标利润、目标成本，并加强利润的敏感分析，编制利润计划，确定利润目标，明确利润的考核指标及权责归属。

（2）加强招生的管理。制定招生策略，确定培训费，在招生的预测和分析基础上建立驾校与学员的合同制度。明确培训费的审批权、合同的管理职责。

（3）加强利润分配的控制。在随后利润分配中，严格遵守国家法规和驾校章程有关规定，利润分配要与筹资策略和驾校长远发展目标结合起来，合理确定积累与分配的比例。

8 预算的实施与控制

（1）赋予主管部门自主权，对预算范围内的业务事项由各责任单位自主确定执行，并承担相应的责任。如遇特殊情况确需突破预算，按特别程序申请。

（2）定期预告预算执行情况。预算执行中，各责任单位及时检查、跟踪执行情况，分析执行和预算的差异，对存在的问题提出改进建议，定期向预算专职部门报告，由预算专职部门汇总整理上报。

（3）预算的考核评价。以预算目标为主线，严格实行预算目标责任制。以预算目标为标准，以驾校奖励制度为依据，及时、合理地评价预算责任部门和人员的业绩，将预算执行责任与责任主体的收入直接挂钩，建立科学、完善的业绩考评制度，并结合驾校激励制度强化预算管理。

9 驾校财务风险控制

（1）设立风险管理岗位，专门负责驾校财务风险的识别和评估、预防和控制、风险报告和披露、风险的损失处理。建立定期分析报告制度，进行风险预警和风险评估，加强信息安全风险控制和内部日常审计控制。

（2）筹资风险控制。驾校在筹资时需要进行认真研究，合理选择筹资方式，降低筹资风险和筹资成本。筹资要符合国家政策和金融纪律，按以需定筹、收支平衡的原则筹集所需资金。筹资结构要与驾校的财务结构相适应，实现筹资结构最优化。筹资总规模要与驾校发展要求、承受能力、偿还能力、收益能力相适应。

（3）投资风险控制。驾校要分对内投资和对外投资进行分类控制，特别注重资本运营投资风险的控制，分别制订严密的评估、论证、决策程序，明确决策责任、实施责任和奖惩措施，预计投资回报率一般不能低于驾校总资产报酬率。投资项目从确立起要实施过程控制和终端控制，非经法定程序不得突破预算。

（4）运营资金风险控制。对资金业务建立严格的授权批准制度，严格执行统一的资金管理办法。财务部门应定期分析资金运用情况，搞好资金调度。现金管理人员与记账人员的职责权限应相互分离、相互制约，并实施收支两条线管理，严禁以收抵支。

（5）负债风险控制。根据驾校自身特

点和运营能力，合理确定资产负债率和警戒线。制定完善的合同管理规定，严格履行合同，杜绝违约现象。对外经济担保应充分考虑和评估被担保单位的资信和偿还能力，严格遵守相关法律法规和严密的决策程序。

（6）资产减值损失风险控制。建立资产定期盘点检查制度，合理估计各项资产有可能发生的减值损失，及时处理已经确认的资产损失，并查清责任，严格奖惩。

（7）税收支出风险控制。驾校应认真学习、研究各项税收纪律、法规、规章和国家有关税收政策，统筹运作资金，依法按时、足额交纳税款，减少和避免各项税收罚没支出风险。

10 监督与奖惩体系

指定专门人员具体负责内部管理与控制执行情况的监督检查，将监督对象的业绩考核评价情况及时反馈给决策和执行部门。驾校还要针对各部门建立资本金经营绩效评价制度，建立健全规范完整的纵向和横向评价和考核制度。对所有责任单位建立全面的奖惩机制。对驾校校长、副校长，可通过实行经营风险抵押金制度、年薪制或股票期权制度等建立奖惩机制。对中层管理人员，可通过调整薪金和职务的方式建立奖惩机制。对员工可通过建立薪金奖励和全员持股制度完善奖惩机制。

三、驾校经营成本控制

1 实行集团化管理

集团化管理可有效地利用社会资源，统筹兼顾，适时发展，节约大量的人力、物力、财力资源。驾校通过联合、兼并、股份合作或收购等多种形式进行重组，对现有市场资源进行有效整合，提升现有驾校规模，实行规模化、集约化经营，可有效降低驾校的经营成本。

2 驾校管理信息化

驾驶员培训管理是一项系统管理工程，要完成学员报名开始的信息录入、学员档案的建立、收费管理、训练时间的管理、各科成绩的登录、预报考管理、结业管理和结业证的制作、成绩汇总存档等管理流程。建立驾驶员培训信息化管理系统非常重要。通过建立一套完整的驾培管理系统对各操作流程进行严格的控制，规范培训业务管理，提供功能强大的统计分析报表，再加上完善的内部管理功能，能极大地提高驾校综合管理水平和工作效率，有效降低驾校的经营成本。

3 合理配置教学管理人员

管理人员的数量直接影响管理成本，管理人员紧凑型的配置，有利于掌握实际教学中发生的情况，可以有针对性地采取有效措施，及时解决一些实际问题，提高教学质量与服务水平，提升驾校的社会知名度。完善的管理体系是节约型驾培机构必须具备的条件，根据驾培机构的等级配备管理人员的数量，一般二级驾培机构配备的管理人员以3名为宜，校长分管教学兼教员，副校长分管机务安全兼教务员，总教练兼办事员；一级驾培机构配备的管理人员以5名为宜，校长主持全面工作，副校长（一）分管教学兼教员，副校长（二）分管机务安全兼教务员，总教练兼办事员。

4 利用现代科技手段

在驾培行业全面开发推广应用信息技术，使驾培行业管理与信息管理系统完全融合。通过信息技术改革教学方法和教学手段，从而提高教学水平，实现驾培行业的整体提升；通过信息技术使驾培行业的社会效益和经济效益最大化，并通过社会效益和经济效益使信息系统、信息技术在驾培行业得到进一步的开发与应用。如应用模拟器进行驾驶教学，对提高学员学习质量、掌握驾驶技能、减少燃油消耗、保护环境、降低培训成本、提高效率、缩短培训周期、减轻教练员工作强度和提高教学的安全性等都有明显作用。

5 改革教学模式

改革教学模式，能有效地降低教学成本，提高教学质量。当前学习汽车驾驶的人群多样化、训练时间不确定性、教学组织人员无法满足学员需求以及教学成本不断上涨，传统驾驶培训模式浪费时间、浪费燃油材料、教学效果差，已不能满足节约型社会的需要。驾校应根据自身的情况和市场的需要，探索教学模式，改革管理和教学方法，实行集中预约、分散教学，达到资源共享、优势互补的目的，随时满足不同训练时间、不同训练阶段学员的训练需求，突破以往传统的“以师带徒”模式，突出服务理念，注重专业知识、安全理念和节能减排意识的教学，技能训练要多讲精练，提高教练车、场地、教练员的利用率，降低培训成本。

6 驾校的培训成本

驾校的培训成本由油料费、车辆折旧费、车辆维护费、车辆检测费、车辆保险费、车辆磨损维修费、教练员工资、管理费、营业税等构成。其中，工资和油耗成本是驾校校长不仅在每个月的报表中看得到，而且是每天都能实际感觉到的成本，是可变的主要成本。而车辆折旧费，车辆维护、检测、保险费，车辆磨损维修费，营业税等相对固定，是不可变的成本。还有一项安全成本是驾校管理特有的成本。驾培行业是个高危行业，由于职业的特点，驾校安全事故会使驾校蒙受巨大经济损失，少则几千元，多则几十万元，成为驾校本来完全可以避免的意外成本。

案例一：驾校老板“借”走千万

上海一所机动车驾驶员培训学校，每年培训驾驶员的营运成本近400万元人民币。而每年的营收收入不低于1700万元人民币，每年的营收利润会高达1300万元人民币。应该说，承担驾校的基础投资及营运开销，包括驾校员工的工资和社保等费用，都不会存在任何困难。

但是，这所驾校却长期陷于财务困境之中。该驾校没有一本合乎公司实际状况的财务账本，唯一的账本仅仅是自己凭空制作的，用以对付各个有关政府部门的假账。驾校的财务及银行账户均由校长及其“完全信任”的财务人员所控制。驾校的所有收入，经过校长之手后，即不知去向，即使法院都无法查到。

校长拿走了驾校的大量收入，长期拖欠员工的工资及副利收入，拖欠缴纳员工的社会保险费。不仅如此，校长还以驾校需要资金投入、周转资金为名，并许以高额回报，凭借校长法定代表人的身份向员工大量借款。另外该驾校还在社会上大量借钱。截至案发已经起诉到法院并且已经进入法院强制执行程序的欠款金额，已经超过1700万元人民币。

案例二：驾校培训一个学员的成本

以小型教练车为例（2010年数据），驾校培训一个小型车学员的直接成本计算分析方法（不含交警部门考试费用）如下。

1. 计算依据

○每辆教练车年培训量为330天/年（除去法定假日27天）×8h/天÷58h/1个学员=45名学员。

○教练车使用折旧年限按5年计算。

○每天培训行驶里程按20km换算。

○每天培训时间按8h计算。

○每次教练车培训8名学员。

2. 油料费成本

○58h/学员×20km/h=1160km/学员。

○油耗标准：10L/100km（标准）+4L/100km。

○市场价格：7.0元/L（90号汽油）。

○油料费：1160km/学员×0.14L/km×7.0元/L=1137元/学员。

3. 车辆折旧费成本

◯80000元/辆÷5年÷45人=356元/学员。

4. 车辆维护、检测、保险费成本

◯每辆车每年维护4次，每次150元，合计600元。

◯每辆车安全检测（年审）200元/年。

◯每辆车综和性能检测（二级维护）200元/年。

◯每辆车保险费1100元/年。

◯每年人均费用2100元÷45人=47元/学员。

5. 车辆磨损维修费成本（含总成更换、大修、轮胎和蓄电池更新等）

1160km/学员×0.15元/km=174元/学员。

6. 驾校教练员工资成本

3000元（含社会劳动保险统筹）/月×12个月÷45人×1.5倍=1200元/学员（实际教练收入高出标准工资的1.5～3倍）。

7. 管理费成本

300元/学员（含法规培训费、其他固定资产折旧费、场地费、班车费、管理人员费、办公费、水电费和其他费用）。

8. 营业税

2870元×5.5%=158元/学员（不含国税税费）。

9. 合计

1137+356+47+174+1200+300+158=3372元/人

讨论一：

1. 怎样控制驾校的经营成本

驾校的利润，简单理解就是培训费收入减去成本。驾校只有盈利，才能回报投资者，才能改善员工的待遇，才能给国家交税，才能够不断改善办学条件，保持驾校可持续发展。然而怎样才能盈利呢？通常情况下有两种方法：一要开源，即提高学费；二要节流，即降低成本。

目前，多数驾校常用的控制成本做法是，一方面采取虚假宣传手段，低价招生后再随意加价，采用减少培训内容和缩短时间偷工减料，让社会车辆挂靠经营，使用淘汰旧车或者报废车用于教练车。另一方面对培训设施的投入能少则少、能省则省，降低和克扣教练员的工资待遇等。这种控制成本的做法，无疑是损人不利己的。

2. 驾校控制经营成本的误区

1）忽视对员工的培训

驾校的成本有投资成本和运营成本，许多驾校校长整天算的是征地基建花了多少钱？购车投了多少钱？从不考虑培训合格的、精通业务、熟悉岗位、忠于职责的员工可最大限度地节约成本。征地、基建、购车的成本确实很高，但这些都不是最高的，真正致命的成本是没有培训过的员工和培训不到位的员工所犯错误造成的浪费。

没有培训好的员工是驾校最大的成本，反之，培训好的员工就是驾校最大的财富。常言说得好：“带走我的员工，把我的驾校留下，不久以后驾校就会长满杂草；拿走我的驾校，把我的员工留下，不久后我们还会有一个更好的驾校。”很多驾校却由于对员工

培训不到位，致使招生前台咨询人员专业能力不足，在不知不觉中怠慢了学员，得罪了学员，损失了驾校的客户资源；教练员的职业道德、服务意识和业务水平欠缺，不仅使训练效率低下，车辆和大小交通事故频发，而其粗暴教学，吃拿卡要，口碑和形象差，严重影响了驾校的可持续发展；管理人员既不专业，也不敬业，更缺乏执行力，驾校经营战略得不到实施，制度得不到落实。

2）投机取巧控制成本

为降低培训成本，个别驾校采取承包或挂靠经营、以包代管、只包不管、分段收费等方式，转嫁经营风险。很多驾校在恶性压价竞争、燃油价格多次上涨的情况下，采取了不计后果的压缩实际驾驶培训时间的“节约”方式，造成了单纯为了应试进行培训，培训质量低下。而另一方面，在驾驶培训过程中，完全不考虑培训资源的合理利用，资源浪费现象严重。

讨论二：

教练车挂靠——驾校的“定时炸弹”

教练车挂靠、收费管理不规范，是驾校的“定时炸弹”。近几年，全国每年都有多起教练员卷款逃跑事件发生，这反映出驾校还存在较为明显的问题，即收费不规范、管理不规范。分析教练员卷款逃跑事件的过程，可以发现教练员收费的过程缺乏有效监管，因此潜藏着极大的财务风险。从学员、教练员、驾校三方面来看，最大的风险在两头：学员法律意识淡薄，不懂得保护自己，一旦出事，损失的不仅是金钱，还要赔上时间；对于驾校来说，默许教练员收费意味将承担连带责任，如果教练员卷款逃跑，驾校除了要赔偿学员损失外，社会信誉也会受到极大损害。

教练员挂靠驾校、签订所谓的挂靠协议是不合法的，属于《中华人民共和国合同法》规定的无效协议类型之一。至于教练员带着盖有驾校财务章的收据收取学费，则违反了财务管理制度和新《中华人民共和国公司法》的规定，因为收费属于公司行为。学费是公司资产，应当由专门的财务人员负责收取，实行收支分离。

造成教练员收费的根本原因是车辆所有权的问题。教练车的实际所有者不是驾校，驾校当然无法对教练员进行约束。另外驾校也比较担心，加强管理之后，教练员会把生源转移，导致校方经营困难。这种收费漏洞存在着巨大的社会隐患，短期内看似没有问题。然而其中的某个环节一旦断裂，就会影响到与驾培有关的各个利益相关方，甚至整个驾培行业。应该讲，驾校和教练员之间签订入股分红协议（以教练车入股）及劳动合同，应该是当前解决挂靠车问题的有效途径。

驾校的财务管理不规范存在的四种情形

第一种情形：驾校缺乏系统的财务管理理念。相当一部分驾校属于私营性质,投资者就是经营者,其大部分又不是财务人员出身,缺乏全局的财务理念,财务管理基础薄弱。不少驾校是由家族作坊发展而来,丈夫是校长,妻子是会计、出纳。尽管驾校发展了,但不少驾校仍不能改变这种恶习。造成财务核算和管理由非专业人员掌握,核算准确率差,账目较为混乱,财务管理更无从谈起。主要表现为重支出管理，轻会计处置。由于其收入来之不易，因此格外重视对支出的管理。

第二种情形：驾校的财务管理缺乏制度。很多驾校由小到大,财务管理跟不上,财务制度建设空白,大部分是靠主要经营者的经验判断,主观性、随意性较大,如教练车挂靠、教练员不规范招收学员等,很容易产生经营风险和财务风险。主要表现为重经营管理，轻财务核算。只要能有现金收入，就是经营的最大目标；只要能减少支出，甚至能推迟支出的时间，都视为一种成功。

第三种情形：财务管理在驾校管理中处于被动和受轻视的地位。有一些驾校借口精简,把财务人员视为辅助人员,可有可无,优秀专业人才难留住,造成财务核算、财务管理水平较差,很难对驾校的经营做出正确反映,也很难有监督力度。主要表现为重出纳轻会计。由于驾校对现金收支的特别关注，因而在内部财务岗位职责的设置上，并不是按照正常的企业财务制度规范来设置财务岗位，而是按自己更为便捷、更为有利的模式来配置人员。在这种模式下出纳成为财务管理上的关键点，会计仅仅是出纳的陪衬，是出纳工作的解释或补充，更谈不上会计的职能职责和财务的管理监督作用。一般个体经营采用这种模式还可以理解，而按公司化模式运行的驾校也采用这种方式，就是事实上的“驾校畸形管理”或“驾校畸形生存”状态，驾校难以规范管理运行也就成了自然而然的事。

第四种情形：驾校财务管理模式僵化、管理观念陈旧。由于相当一部分驾校属于私营性质,典型的管理模式是所有权和经营权高度统一,驾校的投资者同时又是经营者,这种模式势必给企业财务管理带来负面的影响。在这种体制下,决策层往往事先不通过财务人员的测算而凭个人的主观感觉拍板定夺,或越权行事,造成财务管理混乱,会计信息失真等。有些驾校管理者基于自身的原因,没有将财务管理纳入驾校管理的有效机制中,缺乏现代财务管理观念,使财务管理失去了它在驾校管理中应有的地位和作用。主要表现为重眼前轻长远。以经验决策、临时应对处置为主的经营管理模式，使驾校的行为往往局限于眼前，信息化程度差，归纳能力弱，忽略事物发展的趋势，很难做出科学决策和准确判断，极易导致财务的短视行为和低效运行。缺乏财务规划和财务目标，始终是驾校财务管理的痼疾。

驾校忽视财务管理的根源

财务管理是驾校的一项非常重要的管理工作，但长期以来并没有得到驾校管理者应有的重视。究其原因如下：

其一，驾校一般是先收费、后培训，现金流非常好，同一般生产型企业相比，成本开支相对单一，财务管理相对简单，这给驾校管理者造成错觉，驾校财务的作用就是出纳，没有起到财务管理的核心参谋作用，主要表现为管理不规范、职责不分、越权行事、财务制度不健全、内控不严、会计信息失真、对财务人员重使用轻培养等问题。其二，相当一部分驾校属于私营性质，驾校的投资者同时就是经营者，驾校领导集权现象严重，财务管理经验化，“家长式”作风日盛，独断专行，搞“一言堂”，财务管理观念淡薄，有的自己花钱，自己签字，自己报销，并不考虑成本控制的问题。

这种“家长制”的财务管理状态造成的后果是，驾校没有竞争力，一旦处于激烈的市场竞争环境时，驾校为追逐利润最大化，只能是欺骗招生、恶意压价竞争、任意压缩学时、减少培训内容。这已成为制约驾校进一步发展的瓶颈，有的甚至可能演变成摧毁驾校的危机。

驾校的社会责任与利润观念

关于驾校的目标，有一些常见的说法。比如，驾校的目标是利润最大化；驾校要生存和发展，最重要的是要有学员；驾校最重要的是要讲社会责任。这三者之间并不存在矛盾，驾校不同于一般企业的特殊性，决定了一个驾校不能只追求利润，而且还要有社会责任。在某种情况下，驾校履行社会责任可能会减少驾校短期利润的获得，但从长远来看，社会责任与利润是相辅相成、相互促进的。

1. 社会责任和利润同属驾校的内在属性

盈利是驾校的目标，创造利润是驾校的本质属性，社会责任与利润同属驾校的内在属性，驾校在谋取利润空间和发展计划时，要把如何履行社会责任纳入到驾校发展中去，共同驱动驾校的长远发展。

2. 履行社会责任是实现驾校利润的保障

驾校的社会责任，不仅关系到个人的生命和财产安全，而且还关系到家庭的幸福，乃至整个社会的安定与和谐。驾校若不履行社会责任，社会形象差，在学员中影响不良，失去社会的信誉，其结果必然带来经济上的重大损失，甚至可能是灭顶之灾。因此，驾校认真履行社会责任，才能起到保障驾校获得正常利润的作用。

3. 承担社会责任能为驾校带来更多利润

一个驾校去承担社会责任的时候，才能给社会产生最大的效应，同时也能够给驾校带来最大的利润。驾校主动积极地承担社会责任，可以为驾校赢得良好的社会信誉，树立良好的社会形象，提高市场竞争力，扩大知名度，有助于驾校吸引学员、投资者、潜在员工和商业伙伴，从而扩大促进驾校利润增长的发展空间。

4. 利润的增加能推动驾校承担社会责任

古语有云："仓廪实而知礼节，衣食足而知荣辱。"一个驾校当自身利润不断增长，实力不断雄厚时，就会把注意力转向如何维持和进一步提升驾校品牌形象和持续竞争力，这时驾校就能更强烈地认识到社会责任在这方面的重大作用，从而更加积极主动地履行其社会责任。利润的增加意味着驾校履行社会责任的能力大大提高了，这也能在一定程度上推动驾校承担社会责任。

5. 承担社会责任是驾校利润的增长点

驾校承担社会责任，可提高社会的认可，为驾校赢得良好的社会信誉，树立良好的社会形象，提高市场竞争力，扩大知名度，有助于驾校吸引学员、投资者、潜在员工和商业伙伴，从而扩大促进驾校利润增长的发展空间。从发展的眼光来看，驾校的社会责任和利润之间是不冲突的，两者相辅相成，相互促进，是辩证统一的关系。不管是从经济学、法理学还是社会学的角度来看，都要求驾校积极履行社会责任，强化主动承担社会责任的意识，正确对待社会责任和利润之间的关系，努力寻找两者的最佳平衡点，共同服务于驾校整体的长远发展。

驾校教练车盯上"油改电"

（某市记者报道）

油价攀升，驾驶员培训成本也不断增加，驾校因此盯上了新能源汽车。随着电动车技术的不断成熟和各项鼓励政策的推出，不少驾校开始动起了"用电动车来培训"的念头。这些驾培企业目前最关心的是政府给私人购买新能源车的优惠补贴是否能适用于企业，一旦政策明朗，购车行动即会启动。

"油价不断上涨，驾校经营成本越来越高。我们在考虑购买一部分电动车来培训，成本能节省好多！"某驾校总经理近日告诉记者。该驾校现有教练车200多辆，每个月的油费就是70万~80万元。记者随后采访了解到，与该驾校一样，出于对成本的考虑，多家驾校都在密切关注新能源车的动向。这些驾校都明确表示，如果政府对个人购买新能源车的补贴能落实给企业，他们会开始购买，至少先让一部分教练车实现"电动化"。

某驾校是首家试用电动车教学的驾校。该驾校有110多辆教练车，总经理告诉记者，他们正在做购买电动车的计划，上个月已开始与某品牌电动汽车生产厂家洽谈。除了想增加一部分电动车用于陪练、路训补充项目外，公司的学员接送、行政用车也考虑使用电动车。"我们算过，用电动车至少节约2／3的能耗。虽然购车的一次性投资多些，但政府有补贴，3年节约的油耗和维修成本，就可买回一辆电动车。"总经理说，按照厂家数据，目前某品牌的E6电动车在供电高峰期充电，行驶300公里需电费57.36元；若在供低电谷期充电仅花费14.22元。而用普通燃油车的话，行驶300公里需耗油156.96元，约等于供电峰期充电费用的3倍、供电低谷期充电费用的11倍。而教练车一般都是白天使用，晚上充电，可使用供电低谷期电价，节能效果更明显。

在购车成本上，如果政府能补贴12万元/辆，一辆电动车的购车成本18万元左右。按照这样计算：一辆普通燃油教练车一个月平均需3500元油费，一年就是4万多元，使用3年，油费要12万元。车辆每年发动机维修费平均6000元，3年则是1.8万元。3年后燃油车还得大修一次，平均1万元。算下来一辆燃油教练车使用3年的成本近15万元。而用电动车电费很低，基本不用维修发动机，额外消耗很少。

据驾校负责人介绍，按每月260小时教学时间计算，普通柴油捷达车桩训每月教学能源耗费为2457元，维修费用平均为500元／月。而电动倒桩车，每月能源耗费为182元（若开空调约338元／月），电动车维修费用平均为300元／月。可以看出，一辆电动车教学每月可节省教学成本2475元／月，如使用空调，每辆车每月可节省成本2319元。

某驾校总经理也告诉记者，他们公司135辆教练车，每月油费将近50万元。如果能用电动车取代一部分燃油车的话，企业成本会降低很多。他表示，他们一直在接触纯电动车："我们每年都有20～30辆车需要更新，今后更新车辆时，我们会考虑改用电动车。"

尽管节能效果显著，但目前电动车价格比普通车高出几倍，几乎所有的驾校都表示，购电动车必须有一个前提：政府补贴到位，补贴是否到位是关键。"现在电动车高达30万元，而买一辆普通捷达车才7万～8万元，相差太悬殊了。"一位驾校负责人表示，政府出台的新能源购车补贴是针对私人购车的，并没有明确企业购车是否能适用。

规范教学　确保质量

驾校教学与组织

驾校的教学与组织，是驾驶培训与管理工作的中心。建立科学教学与组织体系，完善教学与组织管理制度，能最大限度地提高驾校教学工作的有效性，确保教学质量。

一、驾校的主要教学环节

汽车驾驶教学环节包括教学大纲、教学目标、教学内容、教学过程、教学方法、教学能力和教学效果等方面。

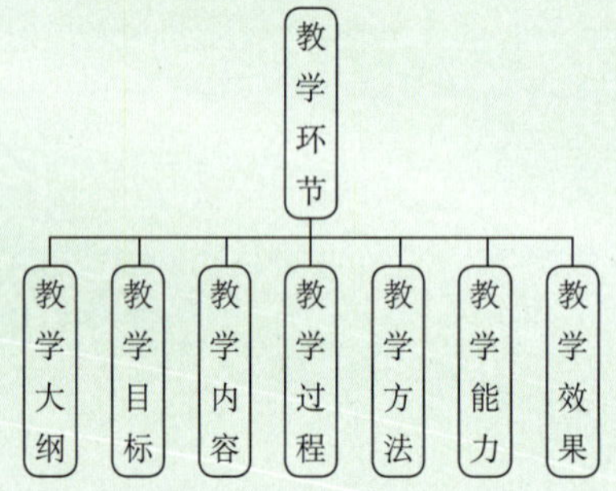

1 教学大纲

我国现行的《机动车驾驶培训教学与考试大纲》吸收国外的先进经验，结合中国的实际，把培养驾驶员的驾驶道德和安全文明意识作为指导思想而制定的。教学大纲部分按照“分阶段教学、分阶段把关”的培训模式，将培训过程分为了3个阶段，每个阶段中都有相应的教学项目、教学内容、教学目标和学时安排。

第1阶段：机动车基本知识、法律、法规及交通信号、相关理论知识的积累和储备。

第2阶段：基础驾驶技能的形成和提高。

第3阶段：安全文明驾驶和实际道路驾驶能力的培养。

2 教学目标

教学目标是驾驶学员通过培训后，要达到的预期学习结果。《机动车驾驶培训教学与考试大纲》在每个阶段都设定了阶段目标和每一项目的教学目标。

驾驶员培训各阶段教学目标：

第一阶段目标：掌握道路交通安全法律、法规及道路交通信号的规定，了解机动车基本知识。

第二阶段目标：掌握基础的驾驶操作要领；熟练掌握场地和场内道路驾驶的基本要领和方法，准确地控制车辆的行驶位置、速度和路线。

第三阶段目标：掌握安全文明驾驶知识；了解行人、非机动车的动态特点及险情的预测和分析方法；熟练掌握一般道路和夜间驾驶方法，能够根据不同的道路交通状况安全驾驶车辆。

3 教学内容

教学内容是教学大纲规定的，教学过程中必须传授给学员的具体内容。《机动车驾驶培训教学与考试大纲》把教学与考试密切结合，对每个阶段的教学项目都设定了具体的教学内容。在内容安排上科学实用、针对性强，知识有所拓展。

第一阶段教学内容（涵盖了科目一考试所有内容）：

（1）机动车基本知识；

（2）法律、法规及道路交通信号。

第二阶段教学内容（涵盖了科目二考试所有的场内驾驶项目）：

（1）基础驾驶；

（2）场地驾驶。

第三阶段教学内容（涵盖了科目三考试所有的项目）：

（1）安全、文明驾驶知识；

（2）恶劣气象和复杂道路条件下的安全驾驶知识；

（3）紧急情况下的临危处置知识；

（4）发生交通事故后的处置知识；

（5）典型事故案例；

（6）起步；

（7）直线行驶；

（8）换挡；

（9）跟车行驶；

（10）变更车道；

（11）靠边停车；

（12）通过路口；

（13）通过人行横道；

（14）通过学校区域；

（15）通过公共汽车站；

（16）会车；

（17）超车；

（18）掉头；

（19）夜间驾驶；

（20）行驶路线选择；

（21）模拟驾驶。

4 教学过程

驾驶培训教学过程，是指驾驶理论、驾驶操作教学活动的展开过程，是教练员根据教学大纲要求和驾驶学员学习需要，借助教室、教具、多媒体、教练车辆等，指导学员主要通过学习、训练取得一定理论知识、安全意识和操作技能的过程。

（1）第一阶段的理论学习结束经考核合格后，参加科目一的考试；

（2）科目一考试合格后，进入第二阶段的场地和场内道路训练；

（3）第二阶段训练结束经考核合格后，参加科目二的考试；

（4）科目二考试合格后，进入第三阶段的训练；

（5）第三阶段训练结束经考核合格后，参加科目三考试；

（6）科目三考试合格后，教学与考试过程结束。

5 教学方法

教学方法是教练员和学员为了实现共同的教学目标，完成共同的教学任务，在教学过程中教练员所运用的方式与手段的总称。常用的驾驶教学方法有：讲授法、示范法、练习法、讨论交流法、参观法。

讲授法：就是教练员通过语言系统地向学员传授知识的方法。运用讲授法，教练员可以将法律法规、专业知识和安全意识系统连贯地传授给学员，使学员能够在较短的时间内获得较多的知识。

示范法：是一种直观的教学形式，是汽车驾驶教练常用的教学方法之一。在驾驶训练过程中，教练员配合讲授或谈话，把实物、教具展示给学员，或者向学员做示范性操作，来说明或印证所传授的知识。

练习法：是汽车驾驶技能教学的基本方法。学员在教练员指导下，通过实际操作训练，巩固知识和形成驾驶技能、技巧的教学方法。学员通过练习，将本来生疏的动作，通过信息反复刺激大脑皮层；形成一定的动作定型，使驾驶动作达到“自动化”的程度，成为一名合格的驾驶员。

讨论交流法:学习讨论和经验交流是一种很好的学习方法，讨论和经验交流分为课内和课外两种。课内讨论和经验交流，由教练员提出问题，学员围绕这些问题讨论研究，交流自己的看法或经验体会。课外讨论和经验交流，一般在业余时间进行，由教练员提出题目或学员自发地提出问题进行讨论研究，相互交流意见或看法。

参观法:参观是一种很好的教学方式和获得感性知识的好方法，可随时随地进行。驾驶教学中的参观法也可以理解为现场会、参

观会、观摩表演，是根据教学的需要，组织学员到工厂、事故现场等地用直观事例进行教学。参观可使某件事例留下深刻的印象，这种印象有时终生难忘。

6 教学能力

教学能力是教练员顺利完成驾驶理论和操作教学任务所应具备的教学基本能力。具体为：教案书写格式规范，内容科学，结构完整，思路符合认知规律；用语规范、简明、流畅；教态自然、亲切、精神饱满；课堂或实际操作课设计合理（使用多媒体、教学课件、教学演示板等）。

7 教学效果

教学效果的评价，是对驾校培训教学质量、服务质量、职业道德、管理水平等的综合考核。它对驾校工作的改进、教学和管理水平的提高、驾校的发展事关重要。

教学效果是通过检查、观察、测评对教学过程及其结果的价值判断，是保证教学过程良性循环，争取理想教学效果的重要环节。驾校或教练员的教学效果，要通过教学质量检查、社会评议、学员评议、教练员教学情况调查、学员成绩考核等形式，反馈信息，实现有效的控制，确定教学效果。

教练员教学情况调查表见表1。

教练员教学情况调查表 表1

车号： 时间：

调查内容	好	中	差	综合评议
吃拿卡要等情况				
教学态度				
教学方法				
教学纪律				
教学效果				
对教练员的建议				
对驾校的建议				

二、驾驶培训教学原则

驾驶培训教学原则是根据教学目标、教学的客观规律，在教学实践经验基础上总结出来的，教学工作中所必须遵循的一般原理或准则。教学原则的制定主要依据教学目标、教学规律、教学实践三个方面。驾驶教学原则主要包括安全原则，理论联系实际原则，多讲精练原则，启发性原则，循序渐进和系统性原则，巩固性原则，因人施教原则。

1 安全原则

安全原则是在驾驶教学过程中，要确保教学行为安全、不出教学事故，培养学员的安全意识和安全驾驶技能。要求教练员要充分休息好、保持训练时精力充沛，驾驶技能教学行为自始至终坚持安全第一的原则，保证教练车、教学行为的安全，避免教学事故的发生。

（1）教学行为的安全。主要是指在道路上教练车行车安全、训练安全，为每一个学员提供安全的学习环境，确保学员训练和乘车安全。这是安全教学的前提，也是驾驶操作训练的最基本要求。

（2）安全意识的教学。主要是指将安全意识的培养，贯穿在整个驾驶训练教学过程中。让每一位学员从进入驾校开始就接受安全意识教育，自始至终不忘行车安全，养成遵章守法、安全驾驶的习惯。

（3）安全操作训练。主要是在驾驶训练教学中，教练员要坚持规范的安全驾驶操作教学行为，严格按照安全操作要求和科目进行驾驶训练，让每一位学员真正掌握安全驾驶技术，规范安全地进行驾驶操作训练。

2 理论联系实际原则

理论联系实际原则，要求教练员进行理论教学时，培养学员从理论与实际的联系中去理解知识，运用知识去解决问题，为实际操作教学打好基础。实际操作教学始终坚持用理论去指导，引导学员联系所学的理论知识进行实际操作训练，做到学懂会用。理论联系实际教学的中心任务是根据教学大纲的要求，同时向学员传授知识和技能。

驾驶员培训分为三个阶段，每个阶段培训的理论知识和操作技能都始终贯穿着“安全”二字，让学员时刻牢记“集中注意力、仔细观察和提前预防”这三条“黄金原则”。

理论学习阶段，主要是培养良好的行为习惯和文明行车等驾驶道德知识，在这一阶段的教学内容主要是道路交通安全法律、法规和相关知识，是实际驾驶训练前的知识积累，为后期的驾驶操作训练打下一定的理论基础。这个阶段的教学要联系实际，让学员明确理论对实践的指导意义，结合实际交通环境学习法律法规和相关知识。

实际驾驶操作学习，要用专业理论和安全行车知识指导驾驶训练，始终坚持安全与技能的结合，注重培训内容的实际、实用和实效，将学员对安全知识的加深理解和独立驾驶能力的训练交叉进行，让学员联系道路实际训练情况，加强常见的但又容易被疏忽的安全驾驶行为的训练，掌握更多非常关键而又不为公众所熟知的交通安全知识。

认真引导学员运用知识与实际相结合，巩固和深化所学知识，掌握安全驾驶技能。教学中结合自身的实践落实规定教学内容，注重案例教学，使培训的内容灵活、生动，有血有肉，让学员容易接受。教练员要结合实践经验进行理论知识和驾驶技能的教学，培养学员运用知识的能力，使知识与实践活动结合起来。

3 精讲精练原则

在驾驶教学中要遵循精讲精练原则，教练员要详细讲解操作规范、要领和注意事

项，让学员在充分理解的基础上进行训练。精讲精练可避免学员盲目训练、练习时间长、进步慢、教学效果差、教学设施设备浪费、燃油消耗等，既可提高训练效率、节约训练时间，又可达到节能减排的目的。

驾驶教学是一门实践性很强的教学，需要在教练员的指导下，完成教学大纲规定的科目和目标。如果在学员还没完全弄懂操作要领的基础上，靠学员自己去摸索或者学员之间相互提示训练，训练效果差，只会事倍功半。教练员的耐心指导、讲解对学员的操作、练习的提高十分重要。教练员对讲解时间和学员操作时间要进行合理分配，既要考虑到效果，又要考虑教学成本，还要考虑节能减排。

精讲是根据训练的科目和学员的训练情况进行必要的讲解，一些原理和方法不讲给学员，学员自己探索很难。讲就要讲精，讲究语言的科学性、通俗性和实质性，抓住教学内容中最基本、最关键的部分，切中要害，抓住实质，让学员对每一个动作和驾驶行为真正理解弄懂后再进行训练。如果一味强调“讲”，某个动作尚未形成、巩固，立即讲述下一个内容，旧动作没有巩固，新动作未学到，很容易造成训练效果差的局面。如果对某一项科目不考虑学员的具体情况，反复地进行讲解会导致学员反感。当学员练习到认为已经掌握并发现许多问题有待解决时，需要教练员“画龙点睛”，在关键时刻予以指导。

精练就是要有重点地练习，教练员要充分利用自身已有的技能和知识进行教学。训练重点放到关键的、需要一定时间才能熟练的动作训练上，对关系到行车安全的动作和行为要练熟练精，对容易掌握的动作不要反复练习，训练过程中要给学员留出思考的时间，让学员多琢磨、多体会。有些教练员懒惰、不爱讲话，长时间让学员自己练，让学员们自己找规律、找方法，这样教学效果极低。精练才能提高培训效率，缩短学员安全操作训练时间，节约训练成本，起到事半功倍的作用。

4 启发性原则

启发性原则，要求教练员充分调动学员学习的主动性，开拓和启发学员学习的主动性，引导他们独立思考，生动活泼地学习，融会贯通地掌握知识和技能。在教学过程中，学员的认识活动是一个在教练员指导下的由不知道到知道，由少到多的转化过程。教练员的主导作用，学员已有的基本技能和已形成的学习能力、思维方法等，都是可以利用启发的，启发性原则符合教学的发展规律。

教学过程中，教练员的作用在于引导、启发，而不是强迫、代替。教练员要运用各种方法启发引导学员，调动他们的学习积极性、自觉性，让学员之间互相学习、互相讨论，自己能解决的自己解决，不能解决的总结出来由教练员解决，促使学员尽快地掌握知识和运用知识。如果学员自己不做认真的思考，下一番分析、比较、综合、概括的功夫，是不可能自觉地掌握知识和技能。

我国有许多的教育家都很重视教学的启发性问题，并总结了丰富的经验。孔子曾说："学而不思则罔，思而不学则殆"，正确论述了思维与学习的辩证关系。后来《学记》中又提出："道而弗牵，强而弗抑，开而弗达"的教学原则。这些宝贵的思想，至今对我们仍有积极意义。

5 循序渐进和系统性原则

在教学过程中，一定要考虑到学员的接受能力，由易到难，由简到繁，设计适度的台阶。台阶过高学员攀登不上去，容易挫伤学员主动学习的积极性，心理上产生困惑感，久而久之会丧失自信心；台阶过平，难以激起学员追求知识的心理，也会挫伤学员学习的积极性。要充分了解学员的知识水平和认知能力，熟悉大纲和教材的前后联系，精心设计适度的台阶，由近及远，由简到繁，由易到难，由已知到未知。

6 巩固性原则

巩固性原则，要求引导学员在理解的基础上牢固地掌握所学的知识和技能，使所学的知识和技能持久地保持在记忆中，当需要的时候，能准确无误地再现出来，加以运用。

第一，要引导学员理解知识和技能，为牢固地掌握知识创造条件。理解是巩固的前提，为了使学员牢固地掌握知识，教练员要帮助学员深刻地理解知识。如果教练员的教学能够使学员对知识理解得比较透彻，留下的印象比较清晰深刻，那么学员对知识的牢固掌握就会比较容易，在教学中应当使学员把理解知识和记忆知识结合起来。必须在学员巩固已学知识，并能随时在记忆中再现的

前提下，再进行新内容的教学。这样才能保证学员对新知识的理解，避免在技术上出现“夹生饭”的现象。

第二，要及时地组织学员进行复习，复习可以帮助强化记忆、促进理解。为了保持和巩固学员记忆，对刚学过的东西，应该强调学员多复习。随着记忆巩固程度的提高，复习的次数可以逐渐减少，间隔时间可以逐渐延长。复习的效果不是机械地取决于复习的次数，而在于学员在复习过程中的活动方式和复习的组织安排。复习方式，通常有集中复习和分配复习两种。集中复习是指对所学内容，连续地进行复习；分配复习是指对所学内容在一定时间内间隔一段时间进行重复复习。一般来讲，分配复习优于集中复习，尤其是对驾驶技巧和操作动作的复习，分配复习更优于集中复习。对一些技术动作，不要集中过多的时间让学员去练习，而应将时间分散开，过一段时间练习几次，经常做，天天练。

第三，要在学习新知识、不断扩大原有知识中巩固。复习是巩固的重要方法，但不是唯一方法。在教学实践中，通过努力学习新知识，不断加深对原有知识进行巩固，是一种比复习更为积极的巩固。“逆水行舟，不进则退”，通过简单重复来巩固知识是不能持久的，只有引导学员不断前进，积极运用已有知识去认识问题、解决问题，或在学习新知识中加深已有知识，才能使所学知识真正得到巩固。

第四，要注意学习质量的检查。为了巩固知识和技能，要及时检查学员学习情况。通过检查，可以了解学员对知识和技能的理解与掌握的情况，以便采取相应的措施，弥补缺漏，纠正错误，使复习巩固的目的更为明确，方法更切合实际。检查中发挥教练员的主导作用，采用提问、测验、考查或竞赛等方式，培养学员自我检查和评价知识质量和技能的能力，是促进学员奋发上进、努力学习的有效方法。

7 因人施教原则

因人施教原则，是要求教练员从学员的实际情况出发，依据学员的年龄特征和个别差异，有的放矢地进行教学。这包括两方面的意义，一是教学的深度要适合学员的知识水平和接受能力；二是教学必须考虑学员的个性特点和个别差异，发挥每个学员的积极性，使他们的才能都得到充分的发展。

因人施教原则是学员身心发展的客观规律在教学中的反映。一定年龄阶段学员的生理和心理发展具有一定的共同特征，生理、心理特点既具有一定的稳定性和普遍性，又具有一定程度的可塑性和特殊性。在生理上，特别是在大脑和神经系统的发展上都要经历一定的过程，所掌握的社会经验、知识和行为规范的深度也都有一定的顺序性，但各个学员的生理条件、周围环境和所受教育的具体情况的不同，在心理发展的速度和面

貌上又具有显著的不同，从而形成学员的个性特点和个别差异。教练员只有针对学员的共同特点和个别差异因人施教，才能更充分地调动学员学习的自觉性和积极性，收到良好的教学效果。

三、驾驶培训教学组织

将驾驶培训教学作为一种教学活动过程，必然要以一定的形式来实现教练员、学员、教学内容及环境等因素之间的关系和结构，这样就形成了教学组织形式的特定范畴。驾驶培训分为理论教学组织和实际操作教学组织。

1 理论教学组织

（1）按照教学大纲的要求精心备课。教练员可选择适合自己的制作软件，使用自己设计的制作素材，按照教学规律和自己的教学习惯制作教学课件，也可使用符合教学大纲要求的多媒体软件进行理论教学。课堂教学使用现代化科技手段和设备进行理论教学，将多媒体和网络信息技术融于课堂教学，是驾驶培训理论教学的发展方向。

（2）教练员给学员的外在印象很重要，能直接影响到学员的听课效果。教练员走进教室的良好精神状态和饱满热情的言谈举止，可以调动学员的学习热情，让学员精神振奋，产生听课的激情，为专心听课做好铺垫。精彩的开场白会引起学员的注意，激发学员的听课欲望，巧妙的引入课题。

（3）课堂教学的组织和调动课堂气氛，是理论教练员的基本功。由于培训学员的年龄和成分比较复杂，听课的注意力不稳定，起伏性大，很难保持长久。教练员要注意丰富与充实教学内容，讲课要生动活泼，案例要精彩、有吸引力，运用灵活多变的多种教学方法和手段活跃课堂气氛，促使学员的思维活动，不断处于兴奋状态，保持听课注意力。

（4）讲课语言的表述，是衡量教练员授课水平的一个重要的因素。严肃、认真的授课姿态，亲切、幽默的语言，活跃、和谐的课堂气氛，亲近、信任的教学秩序，启发、鼓励的教学方式，设疑、提问、讨论、指导的教学互动，会让课堂的教与学生动、有吸引力，教练员和学员的感情沟通默契，教学效果明显。

（5）教练员要用自己的美好形象，满腔热情，诚恳的态度，深厚的知识，崇高的人格魅力，去教育学员，去感化学员，去影响学员。对学员耐心细致，循循善诱，心诚意恳，让学员看到教练员的风采，感受到教练员的热情，营造出良好的学习氛围。

（6）利用多媒体信息技术图文并茂、声像并举、能动会变、形象直观的特点为学员创设各种情境，可激起学员的各种感官的参与，调动学员强烈的学习欲望，激发学习动机和兴趣，帮助学员提高思维能力和理解能力，培养学员的学习主动性。

（7）实验室实物教学，是重要的理论教学辅助手段。汽车结构教学在实验室结合实物进行，让理论知识教学直接与实物进行对照，理论与实际相结合，可以充分发挥驾校实验、教学设备的作用，调动学员的学习兴趣，增加学员的感性认识和动手能力，让教学直观、形象，使学员学到的知识更加实际、扎实。

2 实际操作教学组织

（1）要认识到驾驶操作教学有一定的风险性。场地驾驶和实际道路驾驶训练，是一门技术性较强、具有安全风险的实际操作课，直接关系到学员的生命安全。教学组织需要严密、有序，确保教学安全，教学过程要严格遵守程序和规范，稍有疏忽就有可能造成教学事故，甚至危及生命。

（2）充分做好训练前的准备。教学训练前的准备，对教学效果的优劣有很大影响，教练员、教练车、教学场地是实际操作教学必备的。教练员在训练前对教练车进行必要的安全检查，熟悉教练场的设施设备和安全注意事项，排查教学过程中的所有安全隐患，确保驾驶训练教学安全、顺利进行。

（3）按照教学大纲要求和训练计划，进行实际驾驶操作训练。训练过程中的组织工作对提高教学质量，保证训练安全，使训练工作有序地进行尤为重要。教练员要科学地组织驾驶操作训练教学，精心施教，严格要求，加强对学员的安全意识教育，严格安全训练程序，随时解决训练过程中出现的问题，及时排除安全隐患，保证驾驶训练教学的顺利完成。

（4）科学安排实际操作教学。对场地驾驶各科目和实际道路驾驶的训练要科学安排，教学组织重点是保证学员训练时间和训练安全。教练员要严格按照训练要求和进度，合理地进行不同科目的穿插训练，提高教练车、教练场地、教学设备的利用率，保证每个学员按规定时间完成各阶段的科目训练。

（5）认真组织训练项目和阶段的考核。训练项目的考核，是检验项目训练质量和巩固训练效果的重要一环，可由教练员自己进行，主要是考核学员掌握技能的情况，找出训练中存在的问题。阶段考核，是教学大纲规定的进入下一阶段的门槛，由驾校的考核员对每个学员的阶段训练项目进行综合检验。学员只有在阶段考核合格后，才能进入下一阶段的训练。

四、规范化教学

1 规范化教学的重要性

什么是教育？广义上讲，凡是增进人们的知识和技能、影响人们的思想品德的活动，都是教育。中国有句俗语：“十年树木，百年树人”，揭示了教育的根本价值，就是给社会提供具有崇高信仰、道德高尚、诚实守法、技艺精湛、博学多才、多专多能的人才，为国、为家、为社会创造科学知识和物质财富，推动经济增长，推动民族兴旺和人类发展。驾驶员培训属于职业化教育和培训的范畴，价值在于为社会和家庭提供源源不断的安全驾驶技能型人才保障。

教练员规范教学方法，不是单纯的教学员技巧，而是融技能、意识、安全为一体的，为学员负责，保证质量的教学模式。目的是造就技术熟练、适应能力强、有一定道路行车经验，具备安全意识和良好品德的合格驾驶员。依据《机动车驾驶培训教学与考试大纲》的规定和要求，规范机动车驾驶培训教练员的教学行为，提高培训教学质量，努力推动机动车驾驶员的素质教育。

2 理论知识教学

要明确理论教学的作用和重要性，道路交通安全法律、法规和相关知识是驾驶人一生安全驾驶必备的，不能盲目地让学员背题库。俗话说，“聪明人是拿别人的教训当经验，愚蠢的人是用自己的教训当经验”。理论知识是前人智慧和经验汇总的精华，是用血的教训总结

出来的。要引导学员端正理论学习的态度，用案例教育学员忽视理论学习会带来什么样的后果，把前人的经验教训、总结的知识转化成学员自己的知识和经验。

3 基础动作和驾驶操作训练

基础训练是驾驶训练最基本的阶段，重点是让学员掌握规范的操作动作，学会基础驾驶方法，能够熟练地进行起步、换挡、停车、倒车，适当地选择行驶路线，感觉车辆的长度、宽度和车轮所在位置，初步掌握车辆行驶规律，为下一步场地驾驶训练打好基础。上下车动作、驾驶姿势、操纵装置的操作为了安全和节约燃油，可借助于模拟器进行教学。

4 场地驾驶技能训练

教练员要从深层次理解场地驾驶训练的真正意义和场地训练项目设计的初衷，创造性地进行驾驶培训教学。通过分解每一项内容，分析其训练应如何与实际驾驶相结合，把项目内在的深层次作用挖掘出来，真正能够使各项科目训练与实际驾驶紧密结合。要告诉学员训练项目的实际意义，明确日后驾驶车辆在实际道路上行驶时如何运用，真正从实用的角度进行训练，使本来脱离实际的东西，通过教练员的灵活教学变成实用的训练。教学过程中要克服少讲多练的传统教学方法，提倡多讲精炼，在理解的基础上进行有针对性的训练，以达到事半功倍的教学效果。

5 实际道路驾驶训练

实际道路驾驶训练是驾驶员独立驾驶车辆上路的最重要部分，教练员要充分认识到实际道路驾驶训练的重要性，从实战出发进行训练，帮助学员分析“合法”驾驶员和“合格”驾驶员的利与弊。让学员正确理解到训练的目的和作用，消除为了考试而训练的想法。训练过程中要在道路上结合道路情况，强调安全、文明、有序驾驶车辆，对减少道路交通事故次数和保障道路畅通的影响。严格要求学员遵守交通法律、法规，正确使用灯光、喇叭、安全带等装置，正确观察、判断、处理不同的道路情况。培养安全意识、安全行为和预见性安全驾驶，学会对道路上行人、非机动车的动态特点及险情的预测和分析方法。熟练掌握一般道路和夜间驾驶方法，能够根据不同的道路交通状况安全驾驶。认真完成安全、独立驾驶车辆的训练，成为一名合格的驾驶员。

案例一：

一个学员的学习感想

我刚来到驾校学车的时候，发现我的教练员很年轻,心理暗自庆幸，因为觉得年轻人比较好沟通，但同时也担心年轻人做事不够踏实和缺乏耐心。经过几天时间的学习，发现教练员教学耐心细致，人还特别幽默风趣，车里总是充满朗朗笑声。他认真负责，谆谆教导，客客气气，虽然有时有点脾气,但那都是发生在我们做错事的时候。

我们的教练车车况不是很好，但车总洗得干干净净，车内的装饰洁净，给每个学员留下的印象是：教练员是个爱干净的人。我们每一个学员在教练的影响下也变得干净了，每次练前总是自觉地和教练一起擦车，擦拭干净车内的每一个角落。

我们教练员的教学态度可以说是兢兢业业，一丝不苟，吃苦耐劳，忘我工作。他教学很有方法，思路清晰、讲解明白。他常说学习要循序渐进，不能一蹴而就，必须在我们掌握了一个要领后他才会教下一个步骤，由浅入深，并且每一个要领他都会不厌其烦地演示给我们每一个学员看，根据每一个学员的不同情况区别对待。他不厌其烦地纠正学员的每一次错误，精辟的指点常常给我们恍然大悟的感觉。他经常说：做教练就要对得起自己的良心，不能误人子弟。很多学员都是挤时间来学车的,尽量让他们能尽快拿到驾照好安心工作。

我们的教练员是个很心急的人，如果哪个学员练习得不够扎实，他总是比学员还急，不停地讲，不停地教，一天下来他总是说得口干舌燥。另外，教练员还是个很心细的人，如果晚上练车太晚，他总会负责任地把学员安全地送到家，他才会放心回家……教练员给我们的感动太多太多，不知不觉中每一个学员都把他当成了好朋友。

在教练员的精心培养下，我们进步很快。考试前为了我们的练习，他晚上一直陪伴我们练到十一点钟，第二天早晨五点就又带我们去练习……教练员说每次学员要考试，他都是起早贪黑的带学员练习，力求他们都能一次性顺利过关。事实上也是这样，我们每次考试几乎都是一次性顺利过关。学员们都称赞我们的教练员是“金牌教练”、“明星教练”。

案例二：

学员单独练习造成死亡事故

某驾校训练场内，学员在教练员不随车指导的情况下独自驾驶教练车练习时，由于手忙脚乱将加速踏板当成制动踏板撞入休息工棚，导致一名在场外等待训练的学员当场死亡，驾

车学员当时被撞得昏迷不醒，被迅速送往附近医院急救，但最终因伤重抢救无效，没能挽回他的生命。这次事故学校一次性补偿给每个死者父母亲的死亡赔偿金、丧葬费、精神抚慰金等总共约40万元。

经了解，该驾校的教学一直很不规范，学员在理论考试合格后，不经过最起码的操作训练，直接进入倒桩场地训练。有些第一次训练没到的学员，教练员从不给补课，而是让学员自己教自己。倒桩训练时教练员很少在车边指导，不是到一边抽烟，就是几个教练一起打扑克，训练都是靠学员自己练习。这次事故发生时，教练员在一边抽烟，当发现车辆失控后，赶紧跑过来制止已来不及了。

案例三：

教练员教学组织能力的几个标志

伯乐：擅长发现并发掘悟性强的学员；

速度：擅长迅速做出教学变革；

共同理念与识别一致性：擅长保证学员与教练员组织的一致性；

责任：擅长激发学员取得进步；

博学：擅长搜集他人之长以确保较高的学习效率；

学习：擅长发现新的难点和亮点；

关系：师生关系融洽，毕业后继续往来不断；

成绩：往往在轻松中取得好的成绩。

学习性团体：擅长让学员们自己为求解而争论。

案例四：

驾校教学管理制度

（1）驾驶培训教学严格执行《机动车驾驶培训教学与考试大纲》；

（2）理论教学使用统编教材，严格执行规定的教学目标、教学内容和学时规定；

（3）驾驶操作教学严格执行教练计划和教练路线；

（4）校长每周一次，总教练每周三次，检查学员的操作水平，组织纪律，安全情况；

（5）教练员可根据需要不定期召集学员座谈会，了解情况，吸取意见，改进工作；

（6）教练员要认真填写教学日志，以作为对教练员平时工作的检查考核依据；

（7）理论课、驾驶操作课均按阶段进行考核，考核意见由考核员签字；

（8）每阶段考核结束后，应认真填写培训记录；

（9）总教练在每期培训结束后做好本期教练工作总结，并提出下期训练计划。

讨论一：

驾校安全教育重要性

目前，由于驾驶人法制意识淡薄，安全意识差，行车经验不足，安全知识贫乏，使得道路上无德、违法现象较为普遍。超速行驶、疲劳驾驶、客车超员等违法行为严重，机械故障导致事故增多，加剧了道路交通秩序乱、交通拥堵、交通事故频繁发生的局面。出行难，行路难，困扰着人们生活和出行，严重地影响了道路交通安全和畅通有序，同时也降低了人们的生活质量。

造成驾驶人安全意识和驾驶技能差的主要原因，是缺乏从源头上对驾驶人的安全、文明、道德和技能教育。目前我国驾驶员培训仍然停留在以师带徒，单纯应付考试的阶段。《中华人民共和国道路交通安全法》第二十条明文规定“驾驶培训学校、驾驶培训班应当严格按照国家有关规定，对学员进行道路交通安全法律、法规、驾驶技能的培训，确保培训质量。”《中华人民共和国道路交通安全法实施条例》第二十条规定“学习机动车驾驶，应当先学习道路交通安全法律、法规和相关知识，考试合格后，再学习机动车驾驶技能。”而多数驾校为了单纯追求经济效益和考试通过率，放弃科目一的教学，让学员报名交费后自己背题库。驾校在科目二、科目三教学中根本就不对学员进行安全驾驶教学，只是训练尽快通过考试的技巧。驾校的理论教学、技能培训流于形式，不能按照法律、法规的要求完成教学和训练内容，培训质量大幅下滑，学员素质普遍下降，造成驾驶人技术不过硬、缺乏驾驶经验、适应能力差、安全意识缺失、法律意识淡薄、交通道德匮乏。培养出的驾驶人大多数都不具备安全驾驶的能力，相当一部分是“二把刀”、“马路杀手”。这足以说明驾校培训对驾驶人的驾驶技能和安全意识的养成，起着举足轻重的作用，源头教育事关重要，将会直接影响到驾驶人的一生。转变驾校培训理念和方式，加强学员法律知识、安全意识和安全技能教育已刻不容缓。

因此，驾校应当严格驾驶员培训制度，完善教学体系，严格按照法律、法规的规定对学员进行科目一、二、三培训，是当前驾校应该尽快解决的问题。让学员树立安全第一、珍爱生命的教育理念，培养驾驶员安全意识、规范驾驶和文明行车，普及安全知识，在掌握驾驶技能的同时，加强其交通道德意识、交通法制意识和交通安全意识，是机动车驾驶员培训的首要任务，也是迫切需要加强的薄弱环节。

讨论二：

现行的驾驶人考试制度的缺陷

目前的制度是先考理论即所谓的科目一，科目一考试合格方可开始学习驾驶技能；经过一段时间学习，再开始报考移库、倒桩及坡道起步、侧方停车等场内驾驶技能项目，即所谓的科目二考试；科目二考试合格后再经过一段时间，最后进行实际道路驾驶即科目三考试。虽然国家有规定的驾驶员培训教学大纲，但驾校仍然按照现行的考试内容进行训练。

现行的培训与考试制度看似比较完美，循序渐进，先理论再实践；也很严格。科目一考试随机选题电脑自动评判，科目二除移库倒桩外，还有若干技巧项目随机选择考试，科目三必须在通行社会车辆的实际道路上考试，而且也逐步应用电脑评判打分减少人为干预，不经过专门训练是难以通过考试的。但考出来的新驾驶人安全驾驶综合素质并不高，没有达到预期的目的。

造成这一局面的原因可能是多方面的，但与目前的考试制度设计与考试内容的确定有很大关系。毋庸置疑，培训的目的是为了通过考试，考试制度决定了培训的方式与程序，考试内容决定了实际效果。根据现行的考试制度，绝大多数驾驶培训机构都是先给学员发印有题库的理论教材，有的组织集中教学，有的干脆让学员自己看书背题准备考试，有的即使组织集中教学，大多学员也是自己看书背题准备考试。学员们在这之前大多没有涉及交通法规及机械常识方面的知识，更没有驾驶汽车的感性认识，不能理解通行规则等的立法目的与实际意义，只是为了应付考试死记硬背，有的甚至不记不背，考试时碰运气瞎蒙侥幸过关。科目一考试通过后，进行科目二、三练习中，教练员一般都是教授驾驶操作具体要领，不再考虑交通法规如何实际应用。因而，一方面管理者满足于题库量大，学员普遍反映难记难背；另一方面新手考试虽都合格，但实际上路驾驶时连基本的让行、灯光使用、法定禁停规则等都不懂。

考完科目一后再考科目二，也就是移库、倒桩及坡道定点停车和起步、侧方停车、通过单边桥、曲线行驶、直角转弯、限速通过限宽门、通过连续障碍、百米加减挡、起伏路驾驶即所谓的场内驾驶考试。这些不可谓不全面、不可谓不严格。但这些都是技巧性驾驶技能，一般作为竞赛项目，须有相当的驾驶基础方能掌握。现在让刚考完理论的学员，尚无驾驶基础，就学这些技巧性技能，也都只能是死记硬背式的教学。因而，常发现有在考试车上、考场里做记号，利用隐蔽通信手段场外指导作弊等现象，也就不足为怪了。

教练员如何有针对性地进行教学

教练员要经常了解和研究学员，既要掌握学员的一般特点，如学员的知识水平、接受能力、学习风气和学习态度等；还要了解每个学员的具体情况，如每个学员的兴趣、爱好、注意重点、记忆、理解能力、知识储备和努力程度等方面的特点。教员要在充分了解学员的基础上，采取不同的方法，有的放矢地进行教学。教练员在了解学员的基础上，还要处理好一般与个别，集体与个人的关系。教学中要把主要的精力放在集体教学上，同时也要善于在集体教学中兼顾个别学员，如把各个学员在学习中遇到的问题，他们学习的优缺点、经验、成绩等反映到教学实践中来；也可以在教学实践的基础上，针对学员的不同要求，进行个别辅导，进行单个课外补充教学，有目的、有计划地进行个别教学，使教学中的统一要求与因人施教相结合。

怎样面向大多数学员进行教学

驾校教学的深度、进度是大多数学员经过努力能够接受的。教学必须从大多数学员的实际出发，按照学员所能接受的程度进行教学。对学员的接受能力，既不能估计过低，降低教学要求，放慢教学进度，使学员“吃不饱”，影响培养规格；也不能估计过高，使教学内容过难、分量过多、进度过快，使学员“吃不了”，消化不良，完不成学习任务。所以，因人施教，要根据大多数学员的情况，正确处理好教学中的难与易、快与慢、多与少的关系，从而使教学内容和进度适合大多数学员的知识水平。

怎样正确对待学员接受能力的差异

驾校学员的成分复杂，个别差异比较大，为了发挥他们的所长，弥补他们的所短，做到“长善救失”，把他们培养成现代化建设所需要的人才。要善于发现学员的差异，扬长避短区别对待，无论是对学习成绩特别好的或特别差的，都要热情关怀，耐心地辅导和帮助。对自身学习条件好、接受能力强的学员，要充分发挥他们的潜力，百尺竿头更进一步。对待学习成绩差一点的学员，要分析原因，有针对性地进行训练，增强学员的学习信心，使其通过努力逐步赶上去。另外，要注意发现那些在某一方面初露头角的学员，对于他们在某些方面所表现出来的特殊才能，要认真培养，及时总结，发挥学员间传帮带的作用，促进全体学员迅速成长。

怎样针对学员的个性特点进行教学

学员的性格特点和对待学习的态度，是影响教学质量的重要因素，教学要注意个别对待，加强个别指导，针对不同的特点提出不同的要求：

（1）对观察力薄弱，感性经验储备少的学员，要注意引导他们观察，培养他们的观察能力，丰富他们的感性认识。

（2）对学习马马虎虎的学员，要不断进行提醒和用事故案例给予警示，改造不良的学习习惯，督促他们勤学苦练，认真细致。

（3）对行动缓慢、反应迟钝的学员，多鼓励他们通过实践提高动作速度，勤于思考问题。

（4）对思维能力较强，但学习不够勤奋的学员，多给以难度较大的训练科目，要求他们在练习时要精益求精。

（5）对行车中注意力不集中，处理情况不果断的学员，要多检查提问，随时引导他们集中注意练习，帮助提高他们正确地观察、分析、判断、灵活处理情况的能力。

（6）对那些在学习上信心不足缺乏毅力的学员，多鼓励表扬他们的进步，要求他们坚持学习，克服困难。

如何创造性利用场地训练达到安全驾驶的目的？

教练员要从深层次理解场地驾驶训练的真正意义和场地训练项目设计的初衷，创造性地

进行驾驶培训教学。通过分解每一项内容，分析其训练应如何与实际驾驶相结合，把项目内在的深层次作用挖掘出来，真正能够使各项科目训练与实际驾驶紧密结合。要告诉学员训练项目的实际意义，明确日后驾驶车辆在实际道路上行驶时如何运用，真正从实用的角度进行训练，使本来脱离实际的东西，通过教练员的灵活教学变成实用的训练。教学过程中要克服少讲多练的传统教学方法，提倡多讲精炼，在理解的基础上进行有针对性的训练，达到事半功倍的教学效果。

警惕驾校沦为“马路杀手”的摇篮（节选）

近年来，随着经济的高速增长，人民生活水平普遍提高，我国机动车及驾驶者人数急剧上升。而驾校是驾驶员顺利迈进汽车社会的第一环节，是将不合格驾驶员与社会隔开的重要关卡。如果这个关卡存在漏洞，不仅损害学员利益，还将危害公共安全。若已经拿到了驾驶证却不会开车，上路后无异于“马路杀手”。

我国道路交通事故频发，死伤人数众多，多年来我国道路交通事故死亡人数屡居世界第一。交通事故频发，原因是多方面的，而一些“马路杀手”的批量出现，是不容回避的一大原因，许多重大交通事故与新手有关。

这是一个汽车不断普及的时代，一项调查显示，每有一辆私家车步入百姓家庭，就会有两到三个人学习驾驶技术。

于是，面对这个硕大无比的利益蛋糕，不少人蠢蠢欲动，大办驾校，攻城略地，抢占市场。应该说有需要就有供给，驾校的风生水起也属正常；无利不起早，驾校谋取经济利益，也是在商言商的正当之举。但是，一些驾校已经成为“马路杀手”的摇篮。

前些年，一些不符合资质的驾校匆忙上马，设施简陋，教练准入门槛极低，更匪夷所思的是，只要学员交钱就能在一定时间内拿到驾驶证。后来随着新的《道路交通安全法》的施行，一些鱼龙混杂的驾校得到了清理，那些直接花钱买驾驶证的行为也得到一定遏制。但是驾校的问题依然严重，在利益驱动下，不少驾校依然见利忘义，或明或暗地制造“马路杀手”。

应该说，在所有的培训机构中，驾校是将“应试教育”演绎得最彻底的机构之一。但凡参加过驾校培训的人都知道，只要你进了驾校，驾校和你的目的只有一个，就是让学员早日通过考试，拿到驾驶证。不少驾校教练不是想把你培训成一个熟练掌握驾车技能的人，而是把你培训成一个懂得驾驶、能够应付考试的“机器”。为此，他们的努力基本围绕着让你顺利过关而设计。为了让你过关，无所不用极致，比如教你一些“技巧”——而这些“技巧”实际上是不科学的，在日后的驾驶中如果按照这种“技巧”难免出事，但这种所谓的“技巧”应付考试确实顶用；教你如何和考官打交道，以博得考官手下留情……结果，你就是顺利拿到驾驶证了，车还是不会开，或者说不是合格的驾驶员，最多只能是通过驾校考试的“合格学员”。

至于一些驾校利用你急于顺利拿到驾驶证的心理，对你采取种种违规的手段、种种恶劣的做法，更是不胜枚举。比如，有的教

练员明目张胆地向你索取烟酒，或者向你暗示要表示表示，你若不配合，就会吃苦头，事倍功半。至于一些无良教练员趁机骚扰女学员，亦非新闻。一项调查显示，2.2%的女学员表示曾遭遇教练的性骚扰。

一些驾校之所以嚣张跋扈，敢发不义之财，敢于置学员利益于不顾，敢拍胸脯称只要交足钱就包学员拿到驾驶证，可能就是因为他们与交管部门有千丝万缕的关联。有权力撑腰，他们才敢肆意妄为。而拆掉他们的后台，定能打击不良驾校的嚣张气焰。

据报道，欧美一些国家汽车普及率高，但交通事故发生率却低，原因就在于政府管理得当。比如，他们不仅严打酒驾醉驾，还从源头抓起，推行严格的驾驶证考试制度，并对驾校严加管理。我国这两年相关部门对酒驾、醉驾已经频施重拳，效果明显，但对驾校管理等方面仍然失之于松。尽管我们有新交法，也有《机动车驾驶培训管理规定》，但在有些地方这些法律法规没落实。

“马路杀手”上路，是对自己不负责任，也是对公众不负责任，因为一个“马路杀手”驾驶着一辆车，就好比是一名全副武装的士兵，而行人则是手无寸铁的老百姓。一定要警惕驾校沦为“马路杀手”的摇篮，唯有严惩害群之马，清理驾校与交管部门的腐败关联，“马路杀手”才会少一些，我们的安全感才会多一点。

诚信不欺　质量制胜

驾校的质量信誉管理

机动车驾驶员培训机构，是具有独立法人资格的企业，培训质量如何直接影响着道路交通安全和驾校的经济效益。由于我国机动车驾驶员培训的市场化，驾驶培训质量也影响着企业的生存和发展。因此，“质量就是驾校的安全”，“质量就是驾校的效益”，“质量就是驾校的生命”。

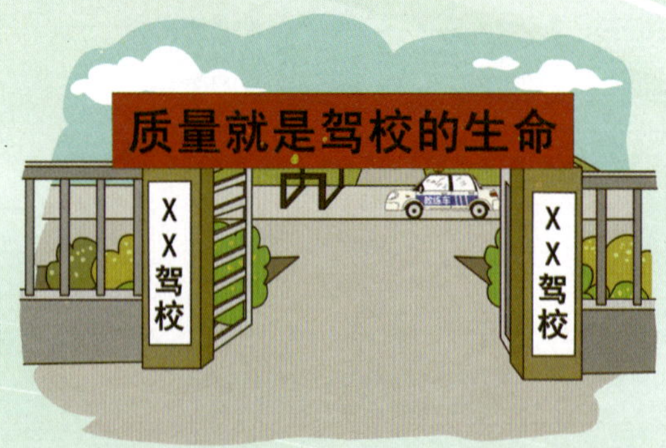

一、驾校的质量信誉体系

驾校的质量信誉是其生存的关键，讲质量就是讲诚信，讲诚信才会有信誉口碑和可靠的市场。这是市场经济的本质——契约经济所决定的，也是人类从事经济活动以来，被无数事实反复证明的。因此，驾校质量信誉体系是有效贯彻诚信理念基础上的质量管理体系。

1 全方位的驾校诚信体系

驾校在运营中，诚信实际上是一个体系，包含着各种形式的诚信。从诚信的内容上看包含着驾校对政府的承诺，对学员、合作者的承诺，对社会的承诺等三个方面。

（1）以契约为基础的诚信。契约就是一种承诺，这种承诺可能是一个书面合同，也可能是一句话。俗语说：君子一言，驷马难追。驾校应该信守自己的承诺，按照自己的承诺办事。驾校所有公开承诺都视为契约的内容，应该全方位的、自觉地遵守这个契约，而不是去设法逃避契约的约束，更不能曲解和修正契约的内容，同样驾校与员工签订的劳动合同也是如此，因此，以契约为基础的诚信，是驾校的一种重要的诚信形式。

（2）信息不对称条件下的诚信。学员或员工可能因为信息获得渠道上的原因，无法清楚地把握有关信息的全部内容，从而不能真实的把握问题的全部情况。驾校可能因为各种原因，能够全面的拥有信息，可以真实的把握问题的全部情况。这种信息的不对称性使驾校处于交易的优势地位。驾校不可以借助信息拥有的优势地位而欺骗信息不全的当事人。

（3）充分考虑对方利益的诚信。驾校对学员、员工还是竞争对手，不能仅仅从自己的利益出发，而是在追求自身利益的同时，充分考虑另一方的利益，追求“双赢”或“共赢”的目标，充分考虑对方利益的诚信是一种很高形式的诚信。

2 驾校质量

驾校质量包括服务质量、技术质量、职能质量、形象质量等方面。不同的驾校在培训活动中，有不同的质量要求。持续改善服务，是驾校质量优势的重要手段。

服务质量是学员的主观感受，是满足学员期望与要求的行动、过程及结果。驾校的服务质量贯穿于学员在驾校“从进到出”的整个过程，既不能储存，也不能申请专利，很容易被竞争对手模仿甚至超过。

技术质量是学员在培训过程中所得到的知识与技能。包括对道路交通安全法规的掌握与运用、机动车构造、交通安全心理学和应急驾驶的基本知识、车辆维护与故障诊断、车辆环保与节能、安全驾驶的意识与驾驶道德观念的能力等。

职能质量是学员在培训过程中所感受到驾校服务人员在履行职责时的行为、态度、穿着、仪表、语言等带来的利益和享受。

形象质量是驾校在社会公众心目中形成的总体形象。包括驾校的识别系统、规模、设施和设备条件、驾校行为等多个方面。驾校的形象质量是学员感知服务质量的过滤器，驾校拥有良好的形象质量，减少失误会赢得学员的谅解。驾校失误频频发生，必然破坏驾校的形象，任何细微的失误都会给学员造成很不好的印象。

3 驾校的服务

（1）服务的态度。驾校员工周到热情的服务和超值的服务赢得顾客的好感，获得学员对驾校的赞美。

（2）服务的及时性。随着驾培市场的迅速发展，学员的层次呈多样性，学员不仅需要学到良好的驾驶技术，更期望人性化服务，使自身利益得到有效的保护。

（3）服务的完善性。由于学员对服务要求的不断提高，驾校系统完整地服务开始引起学员的高度重视，一条龙的服务会让驾校的信誉大大提高。

（4）解决问题的有效性。当出现问题后，学员迫切希望问题能得到有效的解决，如果问题不能得到最终解决，就会使学员对驾校的信誉大打折扣。

4 质量信誉考核的具体内容

质量信誉考核内容包括教练员的资质情况、教学业绩、教学质量排行情况、参加再教育情况、不良记录等。

（1）资质情况包括教练员的准教资格、准教类别、准教车型、服务单位等。

（2）教学业绩包括培训学员的数量、结业考核情况和培训学员驾驶证各科目一次考试合格率等。

（3）教学质量排行情况是指机动车驾驶

培训机构公布的教练员教学质量排行榜上的名次排名。

（4）参加再教育情况包括参加机动车驾驶培训机构、相关协会或行业管理部门组织的再教育培训的内容、时间和考核情况。

（5）不良记录是指在培训教学过程中执行培训教学大纲、填写《教学日志》、填写《培训记录》、廉洁施教等方面的违法违规行为记录。

（6）驾校应当建立教练员教学质量信誉考核档案，及时将教练员的资质条件、岗位培训记录、教学业绩、违章记录、投诉记录等信息记入教练员教学质量信誉考核档案，作为教练员日常工作记录。驾校应每月对教练员教学质量信誉进行考核评比，并做好相关记录和入档工作。

二、驾校的质量信誉考核依据和办法

驾校的质量信誉考核目的是建立市场的引导机制，引导机动车驾驶员培训机构注重品牌建设，自觉遵守相关法律法规和市场运行规则，提高自身服务意识和服务质量。

1 考核的依据

（1）《机动车驾驶员培训管理规定》第四十六条：省级道路运输管理机构应当建立机动车驾驶员培训机构质量信誉考评体系，制定机动车驾驶员培训监督管理的量化考核标准，并定期向社会公布对机动车驾驶员培训机构的考核结果。

机动车驾驶员培训机构质量信誉考评应当包括培训机构的基本情况、教学大纲的执行情况、《结业证书》发放情况、《培训纪录》填写情况、教练员的质量信誉考核结果、培训业绩、考试情况、不良记录等内容。

（2）《预防道路交通事故“五整顿”“三加强”实施意见》和公安部、交通部、农业部《机动车驾驶员队伍整顿工作实施方案》的规定：

公安部门应定期向交通部门通报机动车驾驶员培训机构的考试合格率以及驾龄在3年以内驾驶员的交通事故、违章情况。

交通部门要根据公安部门提供的情况，设立机动车驾驶员培训机构培训质量排行榜，并定期向社会公布。对一年内连续两次排名最后的机动车驾驶员培训机构，应进行整顿，并通报公安部门暂停受理考试。

2 考核办法

（1）机动车驾驶员培训机构质量信誉考核体系由省级道路运输管理机构建立，并制定适合本地区实际的机动车驾驶员培训机构质量信誉的监督管理量化考核标准。

（2）按照管理权限，各县（区）级道路运输管理机构负责本行政区域内驾驶员培训机构的考核，并根据考核内容、考核标准具体实施。

（3）考核标准的内容要量化并具有可操作性，保证考评结果的公平、公正，同时为适应驾驶员培训行业的发展需要，省级道路运输管理机构可对考评办法作及时必要的修正。

（4）考核周期每季度一次，考核结果报市（设市的区）级道路运输管理机构，市级

道路管理机构对本行政区域内各驾驶员培训机构的考核结果按得分高低依次排序，建立排行榜，根据考评结果（得分）进行排名，并以排行榜的形式统一向社会公布，发挥公示、提示、警示作用。

（5）对一年内连续两次排名最后的机动车驾驶员培训机构，应按规定进行整顿，并通报公安车管部门暂停受理考试，同时抄报省级道路运输管理机构。

各级道路运输管理机构在实施机动车驾驶员培训机构质量信誉考核时，应当按照公平、公正、公开的原则，不断提高行业管理水平和公共服务能力，进一步完善机动车驾驶员培训机构考核和退出机制，确保培训质量提高。

3 制定考核办法需参考内容

（1）制定考核办法的目的；

（2）考核办法的适用范围；

（3）考核的权限；

（4）相关信息的公布；

（5）考核内容；

（6）考核等级标准；

（7）考评结果公布方式；

（8）处罚或整顿；

（9）异议与复议；

（10）解释权；

（11）施行日期。

三、质量信誉考核内容

1 考试合格率

以公安部门提供的数据为考核依据，考核每一个科目的考试合格率或总合格率。

2 交通责任事故记录情况

以公安部门提供的数据作为考核依据。

（1）教学过程中是否有交通事故；

（2）驾龄3年内的驾驶人发生交通责任事故是否有驾校培训责任。

3 规范教学

（1）是否按统一的教学大纲和规定的培训教材施教；

（2）培训机构、教练员、学员签署培训记录以及教学日志的情况；

（3）对培训结业的人员发放培训结业书和建立培训结业书发放台账的情况。

4 经营行为

（1）教学过程发生人员伤亡事故的情况；

（2）发生教学安全事故是否按规定时限上报的情况；

（3）公布教练员培训质量排行榜的情况；

（4）办理交办的投诉案件的情况；

（5）是否在未经核准区域内从事培训经营的情况；

（6）是否聘用无教练员证的人员执教，教练员是否持证上岗情况；

（7）是否存在教练员收受红包、索要财物以及增加学员额外经济负担行为的情况；

（8）公开服务承诺、公示收费项目、收费标准、公示教练车的情况；

（9）是否采取虚假广告招生、买卖或变相买卖学员名额的情况。

5 投诉或媒体曝光

（1）教学、管理和信誉等方面是否有责任投诉或新闻媒体曝光；

（2）是否有道路运输管理部门违章处理记录和公安车管部门有关违法、违规通报记录。

6 受表彰情况

获得各种荣誉和表彰的情况，是否受到县、市、省、国家的表彰。

四、质量信誉考核范围、步骤和标准

1 考核范围

考核范围是取得机动车驾驶员培训经营许可的培训机构，包括从事普通机动车驾驶员培训业务、道路运输驾驶员从业培训、机动车驾驶员培训教练场经营业务的培训机构。

2 考核步骤

（1）各机动车驾驶员培训机构，根据机动车驾驶员培训机构质量信誉考核管理办法进行自评后，再申报考核等级。

（2）县（区）道路运输管理机构根据考核内容、考核标准，对本行政区域内驾驶员培训机构进行考核，考核结果报省级道路运输管理机构。

（3）市级（设市的区）、省级道路运输管理机构对本行政区域内各驾驶员培训机构的考核结果按得分高低依次排序，根据考评结果（得分）进行排名，建立排行榜，向社会公布。

（4）省级道路管理机构对全省各机动车驾驶员培训机构的考核结果按得分高低依次排序，建立排行榜，在全省统一向社会公布。

3 考核标准

（1）考核标准可按“A、B级”或“星级”模式，将考核标准分为优良（“AAA级”或“★★★级”）、合格（“AA级”或“★★级”）、基本合格（“A级”或“★级”）和不合格企业（“B级”或无★级）。

（2）考核分值可采取100分的计分办法，90分以上为优良，80分~90分为良好，70分~80分为一般，不足60分的为不合格企业。也可采取固定项目，规定各级别驾驶员培训机构应具备的条件。

（3）根据各省的实际情况设置考核单项，规定每个单项得分值，最后将各单项分组合后，计算出总分值。也可按一定比例确定各级别驾校的数量，从高分到低分排序。

五、驾校的质量信誉实现

驾校的质量信誉考核是行业主管部门对驾校的监督与管理的一种手段，与社会对驾校的评价具有一致性、同向性。驾校的质量信誉考核成绩越好，就越能赢得学员的认同

和口碑，无形中也能促进驾校品牌的形成。

1 质量信誉与品牌效应

驾培市场的竞争非常激烈，驾校的竞争是质量的竞争，服务的竞争，品牌的竞争。一些地方不少驾校办出了特色，创建了品牌，成了地区驾培行业的领跑者。有的驾校举措失当，教学服务质量低劣，招不上多少学员，留不住好的员工，经营陷入了困境。要知道，学员的认同比一时的赚钱更重要，无视服务质量只会打价格战是无奈、最简单的竞争手段，也是最无能的表现。

驾校做品牌的首要目的是区分同质化的服务。一般而言，降价最容易被模仿跟进，服务手段也可以被竞争对手模仿，品牌是在学员之间长期口碑的积累，是驾校的金字招牌和无形资产。做成品牌的驾校还有一个更为长期的好处就是，可以使一个无序竞争的市场变成一个有序竞争的市场。无序的市场经常出现乱打价格战等手段竞争，而有序的市场则可以让排名前列的品牌驾校领跑市场，保持很高的市场占有率。据统计，在市场占有率上，第一、第二、第三个被想到的品牌占市场总容量的30%～50%，在其他名次上，有近似成倍递减的特点。

驾校的口碑、品牌形象的树立和形成是一个长期的过程，是服务的每个细节、每个点滴的积累。要树立一个“好”的形象需要很长时间，需要驾校的每个员工主动去塑造和维护。驾校的每个人、每个时候和学员、公众的每次交往都会对驾校的品牌形象产生或好或坏的影响。

驾校一经树立良好品牌，理想的状况是能产生已经准备来购买服务的学员，剩下的事就是如何便于顾客得到服务；成功的品牌经营就是要使一个无序市场成为有序市场，并使自己成为区域驾培市场的第一品牌。

2 学员的满意度

学员满意的前提是，驾校需要给予学员持续不断、细致入微的关心服务，除做好本职工作外，还可以实施增值服务、延伸服务和感动顾客的服务，只有给学员提供更多富有人性化的服务，才能立于不败之地。比如有驾校除了教学之外，从其他方面也让很多学员感到了物超所值。从场地的“微尘化”处理，到培训间歇的沐浴、美发以及餐饮小憩等休闲需求，从贵重物品保管到雨雪天气应急备品的人文关怀。当顾客的满意度积累到一定程度之后，就会形成对驾校及其教学服务的忠诚度。开发一个新顾客的成本往往是维持一个老顾客成本的5～8倍。

该如何了解学员的满意度呢？

首先，要做学员满意度调查，每次培训课结束或者培训结业后，都要进行书面或者口头的调查。依满意度的调查结果作为教练员和相关人员的考核要求；

其次，建立健全学员投诉和建议制度，驾校可以建立值班校长制度或者直接由校长办公室直接接待学员投诉，专门负责听取处理学员的投诉和建议。

然后，进行学员流失率考核与流失顾客原因分析，堵塞服务漏洞和实行服务补救措施。关键的是一定要完善对员工的满意度考核制度，因为没有评价考核就没有员工的行为规范。

案例一：

学车未签协议、不知驾校信息

2010年3月份，家住某区的孟先生与爱人打算一起学车。通过朋友介绍，他们认识了自称某驾校教练的刘师傅。刘师傅带着他们到医院体检后，向每人收取了2700元的学费，但只给开了收据，且没签订任何培训协议。在跟这位刘师傅仅学了3次车后，由于其母生病需要照顾，教练提出可以暂时停止学车，表示名字挂到驾校，以后可以随时继续学车，孟先生同意了教练的提议。

然而，过了一个月后，孟先生要求学车时却被教练告知学车人员已满额，让其等通知。两个月后，教练回复可以学车了，但要求每人再交纳800元学费差价，才可以继续学习。孟先生认为教练是趁机多收费，故意违反双方约定，遂与其发生争议。可当孟先生想到有关部门投诉时，才发现自己根本不清楚驾校的联系方式，也不知道挂靠驾校的名称和地址。

案例二：

驾校不安排学员训练，退款却无门

徐先生2010年5月21日在某驾校学车报名时，向驾校负责人说明自己在打工，工作较忙，不能按时参加培训，是否能如期拿到驾证时，得到驾校负责人答复是：自报名交款后，4个月就能拿到驾驶证，徐先生当场交学费3800元。徐先生交款后，近4个月的时间驾校都没有正式安排上车，也没有安排理论考试，徐先生多次催问都无果。徐先生因有事急需赶回老家，感到拿驾驶证无望，便到驾校要求退款，但遭到拒绝。

随后徐先生向消协投诉，消协根据《消费者权益保护法》进行调解，最终，该驾校退还了徐先生的驾校培训费3000元，但徐先生没有得到任何服务，却无故被扣800元。

案例三：

学员身份资料被冒名办理银行信用卡

芳女士是某机动车培训驾校的学生。8月29日，芳女士发现被冒名办理信用卡，立即向银行反映，银行当即向公安报案。与此同时，芳女士从银行了解到，还有两名受害者，竟是自己在驾校学车时认识的朋友。都在驾校学车报名的时候，依照手续都递交了自己的身份证复印件。而这些复印件，就是他人冒名办理信用卡的工具。

“经查，是一个驾校教练把他们的身份证复印件给了别人。”据法院透露，这个教练把这三个学生的身份证复印件交给了另一个人。这个人利用他人身份证办理了多张信用卡，疯狂透现9.5万元人民币。教练告诉法院，此前自己不认识这个人，介绍他们认识的是中间人。“他没有说去办信用卡，而是说老婆工作有需要。”“娄国良44岁，是余杭镇人。”承办法官说，像这样一个没有工作也没有稳定收入的农民，他的资信一般很难从银行申请到信用卡。

由于驾校的管理问题，给学员带来了不必要的伤害，同时也有损驾校的声誉。芳女士追问：“学车报考驾校留下身份证复印件，这是必要的驾驶证考试程序。可是我们无法控制后面发生的事情，难道这样的问题就不能预防吗？”

案例四：

机动车驾驶员培训行业驾驶培训合同

甲方（培训机构名称）：____________

____

机动车驾驶员培训许可证编号：____

联系电话：____

进场单位及训练场所：____

投诉电话：____________________

乙方（学员姓名）：____________________

性别：____________________

学员身份证号：____________________

联系电话：____________________

联系地址：____________________

邮政编码：____________________

根据《中华人民共和国合同法》等有关法律、法规的规定，甲乙双方在自愿、平等的基础上，经协商，就培训事项达成一致。

第一条　甲方须向乙方出示经政府有关部门准予其经营机动车驾驶员培训的有关证照，并按中华人民共和国交通运输部和公安部颁布的《机动车驾驶培训教学与考试大纲》为乙方提供培训服务；按中华人民共和国公安部颁布的《机动车驾驶证申领和使用规定》为乙方办理考试等相关手续。

第二条　乙方选择____类型车进行培训；双方约定培训自合同签订之日起____天内进行。甲方须按合同约定为乙方提供理论及实际操作培训；培训周期不超过90天（自取得《机动车驾驶技能准考证明》日起至科目三考试日止）。

第三条　乙方向甲方支付培训费用______元（大写为__仟__佰__拾__元整），其中包括：

1.培训费______元（含理论及实际操作培训费）；

2.代办费______元（含科目一、科目二、科目三首次考试费；首次科目二、科目三考试设备租赁费；驾驶证工本费）；

3.其他：____________________。

乙方首次考试（即第一次考试，第一次补考）不合格，需再次参加补考，按有关规定，另行支付与补考相关的费用______元。

甲方应向乙方开具税务部门发票或其他合法有效凭证。

第四条　甲方的权利和义务

1.按照《机动车驾驶培训教学与考试大纲》的培训项目和学时要求，在规定训练区域进行培训；如实、规范填写《机动车驾驶员培训教学日志》、《机动车驾驶员培训记录》；

2.向乙方提供的教练员必须持有政府主管部门颁发的有效《准教证》；教练车具有政府部门核发的教练车号牌；教练车辆须经政府部门审验检测合格；

3.甲方应提前____天通知乙方参加培训；提前____天通知乙方参加考试。

4.甲方及所属员工不得以任何方式收取本合同规定（除乙方自愿选择、并公示的费用）外的任何费用或物品；

5.甲方应遵守××市机动车驾驶员培训行业协会制定的《服务守则》。

第五条　乙方的权利和义务

1.乙方有权要求甲方按照《机动车驾驶培训教学与考试大纲》完成培训项目；

2.培训过程中，乙方若受到甲方不公正对待，有权拒绝并及时要求甲方予以纠正；也可按市公安局交通警察总队车辆管理所、市交通运输管理处颁发的《告知书》规定进行投诉。

3.乙方须严格遵守交通法规和培训规

程，注意培训过程中的人身安全；在无教练员指导的情况下不得擅自操作教练车；

4.认真填写《机动车驾驶员培训学员登记表》，签字确认《机动车驾驶员培训教学日志》、《机动车驾驶员培训记录》。

5.提供的证件、体检及相关信息必须真实有效。

第六条　因乙方原因提前终止培训的，按下列条款办理：

1.甲方退回乙方所提交的有关资料；

2.退还相关费用，其中：

(1) 未进行的培训项目（以政府部门受理为准），扣除______元手续费；

(2) 已进行的培训项目，在扣除前款费用后，按已发生的实际费用扣除：

未参加科目一考试：退还______元；

未参加科目二考试：退还培训费用的________%，折合_____元；

未参加科目三考试：退还培训费用的________%，折合_____元；

3.甲乙双方可协商增加约定条款的内容：

(1) ______________________________；

(2) ______________________________。

第七条　违约责任

1.甲方未按规定通知乙方进行培训或考试，造成培训周期延长，以自然日每日______元（国家法定假日及政府部分限制培训日除外）退还乙方。因乙方原因（如不按通知培训或考试、考试不合格、补考等）超过培训周期，并自愿继续参加培训，由甲方以自然日每日收取______元（国家法定假日及政府部分限制培训日除外）；如乙方不愿继续参加培训，应配合甲方及时做好注销《机动车驾驶技能准考证明》手续。

2.乙方因不服从教练员指导造成交通事故的，应承担相应的法律责任。

第八条　争议的解决

本合同在履行过程中发生争议，双方可协商解决，协商未达成一致，可通过市机动车驾驶员培训行业协会或消费者权益保护委员会调解；调解不成时，可向：

1.市仲裁委员会提出仲裁（______）；

2.所在地的人民法院提起诉讼（_____）。

第九条　本合同有未尽事宜的，按国家有关法律、法规办理。

第十条　本合同一式两份，甲乙双方各执一份，合同自签订之日起生效。

甲方代表签字：　　　　　　乙方签字：

甲方盖章：　　　　　　　　乙方盖章：

___年___月___日　　　___年___月___日

注：1.科目一：道路交通安全法律、法规和相关知识考试科目。

2.科目二：场地驾驶技能考试科目。

3.科目三：道路驾驶技能考试科目。

4.考一补一：每个科目考试一次，可以补考一次。补考仍不合格的，本科目考试终止。

讨论一：

怎样完善驾校的质量信誉体系？

驾校的质量信誉是其生存的关键，它涵盖驾校运营的全过程。在驾培市场中，驾校的管理者、经营者、学员和准备报名的学员，对驾校的关注可用两个关键词表达，即“质量”与“信誉”。驾校的质量以人性化

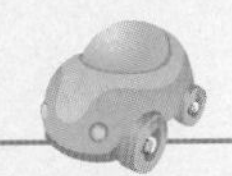

服务为出发点和落脚点，让人掌握机动车驾驶技术，教会人安全驾驶、文明行车，成为一个合格驾驶员。

“质量”与“信誉”是驾校长期诚实、公平、履行诺言的结果。质量决定驾校的成败，信誉关系驾校的发展。驾校的质量与信誉就等于学员，拥有学员才意味着拥有品牌，满足学员需求和维系学员关系的能力是衡量驾校品牌竞争力的一项重要指标。建立和完善驾校的质量信誉体系，是驾培市场公平、有序运转的重要环节。不断改善驾校的服务质量是打造驾校品牌的最有效方法。

1. 转变教学理念

不断转变教学理念，促进驾驶培训“素质教育”和“应试教育”有机的结合。现行的《机动车驾驶培训教学大纲》和培训教材《安全驾驶从这里开始》的启用，为机动车驾驶培训行业带来全新的培训理念：以“安全第一，珍爱生命”为准则，注重培养驾驶员安全意识、规范驾驶和文明行车；以“普及安全知识，提高驾驶员素质”为目标，注重培训内容的科学、实用和安全，不能再将驾驶培训简单看成是师傅带徒弟的纯技术工作。

驾校教练员不仅教操作技术，还要教理论知识和驾驶职业道德。要改变重操作轻理论、重桩训轻路训的教学方式。按照新教学大纲的要求增加理论教学的内容和学时，注重培养驾驶员规范驾驶、文明行车和安全环保意识，以培养合格的驾驶员作为培训目标，逐步实现应试教育向素质教育的合理衔接。

2. 满足学员的期望

学员对驾校提供的服务质量是否满意，关键是驾校提供的服务是否能够“满足”学员对驾校服务的“期望”。如果驾校提供的服务与学员所期望的服务有差距，那么学员对驾校的服务质量就不会感到满意。这种差距越大，说明驾校的服务质量越差。可以用一个简单的公式说明，即：

服务质量差距=学员期望的质量－学员全面感觉的质量

学员希望所花费的时间、精力和学费等总体成本降到最低，学习驾驶技能（考取驾照）获得人性化的服务，使自己的需要得到尽可能地满足。驾校必须根据自身的收益和成本指标权衡提供服务的质量，在保证合理回报的前提下，尽可能的“满足”学员对驾校服务质量的“期望”。

3. 提升驾校人员的基本素质

目前驾校的多数管理人员文化程度较低，知识结构老化，思想观念陈旧，难以驾驭市场经济条件下的驾校经营。法律、法规意识淡漠，依法经营的认识不够，只顾眼前的利益，对驾校发展没有长远的思路，更谈不上制定远景目标和建立长久的发展机制，从根本上制约了驾校的发展和成长。

现有的教练员整体情况来看，有这样几大特点：“年龄大，文化低，能力弱”，据某省统计，现有教练员中，45岁以上的占75%以上，这部分教练员的驾驶技能很好，可是

他们的教学能力比较低，能达到初中以上文化程度的仅占50%左右，限制了他们的讲授能力。同时，受经济利益的驱使，驾校教练员的培训根本没有落到实处。他们通过学习提高的条件不具备，形成了一大批教练员会开车不会教学的现象，直接影响着教学质量的提升。

因为绝大多数驾校为私营，故在用人上不是任人唯贤，而是任人唯亲，这些驾校的工作人员几乎是和管理人员有着一定的裙带关系，而这部分人员大多数文化程度同样不高，工作能力相对较弱，但管理难度却相当大，他们的思想认识决定了工作能力和工作效率不是很好，再者，这部分人员流动比较快，变换频率比较高，业务技术不熟练，影响了企业的日常业务开展，也不符合现代企业的用人理念和用人原则。

驾校要充分认识到人员素质的重要性，对驾校管理人员、教练员、业务员三类驾驶员培训从业人员始终要有危机意识，经常通过各种方式对所有人员进行系统培训，不断更新理念、更新知识，学习新技术、新科技，提高教学能力和水平及全员的整体素质。

4. 应用先进培训技术与质量控制手段

建立驾校信息化网络，通过建立咨询、报名、IC卡预约学时、档案管理等系统，提高效率，规范教练员的执教行为，保障学员的合法权益、提高机动车驾驶培训质量并落实安全生产管理责任。另外，各式具有先进仿真技术的主（被）动式驾驶模拟培训器和多媒体教学科学手段也是培训质量有效保障的条件。

5. 完善学员投诉处理机制

水能载舟亦可覆舟，一个驾校如果不能有效的处理学员投诉，将会严重地影响到驾校的质量和信誉。有效的处理学员的投诉是驾校提高服务质量、树立驾校形象的重要手段。

（1）欢迎学员投诉。只有学员随时可以提出投诉，驾校才有机会更好地了解学员的真实需求和真实想法，改善驾校的服务水平。利用学员的投诉并改进驾校服务的差距，并对服务过程进行监控。

（2）方便学员投诉。驾校应尽可能降低学员投诉的成本，减少其花在投诉上的时间、精力、金钱等，建立方便、省时、省力的信息接收渠道，使学员的投诉变得容易。如意见箱、培训结束后提供意见反馈表格、面对面式公布投诉电话、公布负责人的名字和电话、网上投诉、电话回访等，同时要提高处理学员投诉的效率。

（3）处理学员投诉的原则。驾校要按照学员至上的原则，主动承担应有的责任，对善意的投诉即使有误解也要包容理解，及时给予说明。按照息事宁人的原则，主动给予一些精神或是物质上的补偿，以达到“大事化小、小事化了”的效果。

（4）处理学员投诉的步骤。积极倾听学员的陈述，让学员发泄情绪。把握学员的真实意图，真诚道歉，协助解决，感谢学员。

（5）避免错误的处理方式。处理学员投诉要杜绝言行不一、回避自身的责任、挑学员的错、与学员争论、急于得出结论、心不在焉、敷衍应付学员。

讨论二：

谈驾校的诚信理念

培训质量就是驾校发展的核心竞争力，关系到驾校的盈利、生存、发展，关系到驾校的生死存亡。驾校有效的贯彻诚信的理念，是提高服务质量的动力源泉。

1. 诚信是驾校兴旺发达的基础

诚信是驾校兴旺发达的基础。驾校只有在经营活动中遵守诚信，才能拥有非常广泛的学车群体。学员是驾校生存与发展的重要资源，诚信是学员选择驾校的关键因素之一，也就是做到不断吸引新学员，从而在原有的市场基础上开拓新的市场，最终使驾校高效益的可持续发展。如果一个驾校缺乏诚信，做假广告，在培训中“投机取巧”损害学员的利益，那么虽然可能在短时间内它能获得一定利益，但从长远利益角度看，则是一种自我毁灭。

诚信是驾校最大的无形资产。“信用就是财产，有信用就有一切”。只有讲诚信，诚信经营，对学员负责的驾校，才能赢得学员的信赖，创造出吸引学员的强大磁场，才能在激烈的市场竞争中保持强大的生命力。诚信是驾校存亡兴衰的试金石，任何一个驾校虽然可能在一事一时上使自己的欺骗手法得逞，但在激烈的市场竞争中不可能永远欺骗，一旦被人们识破，面临的就是死亡。

2. 诚信是驾校经营的基本准则

“诚实信用”是《机动车驾驶员培训管理规定》中对驾校经营的基本要求之一，“信誉”也是道路运输管理机构考评驾校经营的重要内容，驾校经营活动所要遵守的最主要的基本原则就是诚信。诚信是驾培市场的一种内在要求，驾培市场不是坑蒙拐骗的市场，如果违反了诚信原则，驾校不仅谈不到有效发展问题，而且可能导致违法行为。

诚信是驾校经营的基本准则。驾校的质量信誉考评包括了培训机构的基本情况，教学大纲执行情况，《结业证书》发放情况，《培训记录》填写情况，教练员的质量信誉考核结果，培训业绩、考试情况、不良记录等内容，这其中的不少内容属于国家标准。由此可见，诚信原则既是驾校必须遵守的基本准则，也是人们评价一个驾校的最基本的标准。无诚信的驾校应该上“黑名单”，让其受到法律的惩治以及道德的批评，使那些只顾眼前利益、道德指数低下、以种种手段骗取或者损害学员利益的驾校尽早淘汰出局。

思考

如何了解学员期望

第一，熟悉学员，不仅要清楚他们选择驾校的理由，还要了解他们的喜好。

第二，询问学员的期望，通过沟通可以知道他们已经得到那些“满足”以及他们希望驾校能做而现在还没有做到的事情。

第三，满足学员的期望，即兑现驾校的承诺。

第四，保持一致性，不要向学员承诺做不到的事情，也不要提供与承诺不一致的服务。

第五，关注竞争对手，记住学员的期望

是不断变化的，可能不久前还高于学员期望的行为突然与竞争对手所做的相同而无法满足学员现在的期望。

第六，对服务质量设计与服务标准的制定。确定一个服务质量标准，找到准确的定位，清楚竞争对手，明确服务质量应达到的水平及特色的服务。

第七，对服务过程进行控制，驾校以服务培训和驾校文化的办法力求保证员工的行为与服务标准保持高度一致，并对服务过程实时监控，出现偏差时即时纠错。

有效贯彻驾校诚信的做法

第一，承诺。凡是驾校承诺的都必须严格地按照承诺兑现。兑现承诺是驾校诚信的最基本和最主要的要求。

第二，守法。守法是驾校诚信的标志，驾校的诚信必须以法律法规为基础，有关机动车驾驶员培训的法律法规是驾培行业的一种共同的承诺。

第三，公开。驾校应该按照《机动车驾驶员培训管理规定》向公众公开经营类别、培训范围、收费项目、收费标准和教练员的信息以及教练员的教学质量排行情况，自觉的接受社会公众的监督。

第四，公平。公平的原则是驾校诚信的重要内容之一。驾校要讲职业道德，通过自己的诚实劳动和服务以及各种创新、非常诚实的经营行为获得利润。公平的考虑自己的行为是否会对竞争对手造成损害，所有竞争行为是否存在着不公平，不能以损人利己的方式赚钱。

延伸阅读：

教练员行为准则

1. 诚信准则

(1) 信守承诺：

①信守与政府的承诺，依法经营，服从管理，自觉接受指导监督。

②信守与驾校的承诺，自觉遵守劳动合同，岗位职责。

③信守与学员的承诺，规范的履行培训内容与服务内容。

④信守对社会的承诺，主动热情地兑现对社会公众的诺言。

(2) 坦诚相待

①对待同事，坦率真诚、光明磊落、消除嫉妒、公平竞争。

②对待下级，主动沟通、关心信任、充分指导、即时鼓励。

③对待上级，尊重服从、全力配合、不发牢骚、善意表达意见和异议。

④对待学员，以尊重为前提，以诚相待、实事求是、因材施教。

(3) 客观公正

①正确评价自身的优点和缺点，不争功，不诿过。

②客观评价他人的工作和贡献，与人为善，好处说好，差处说差。

③公平待人，公正处事，在不违反保密的原则下工作行为应公开透明。

(4) 忠于驾校

①热爱驾校，践行驾校使命；有利于驾

校的事多做，有损驾校的事不做。

②保守驾校秘密，不泄露和出卖涉及驾校的技术机密和商业机密。

③不从事与驾校有利益关联或影响正常工作的兼职行为。

④对驾校常怀感恩之心，感谢驾校为自己提供成就自我的平台。

2. 服务准则

(1) 了解学员

①主动沟通，加强宣传，把握驾培市场，定期开展学员满意度调查，全面搜集对驾校的发展有用的信息。

②与学员充分交流和沟通，了解并把握学员的需求，与学员建立密切的联系和融洽的关系。

(2) 用心服务

①对待学员要主动热情，耐心周到，为人师表。使用规范语言，言谈有礼有节、廉洁奉公、不徇私舞弊。

②对学员的咨询不得简单草率，推诿敷衍，要经常钻研业务，因材施教，倾注全部身心。

③严格培训规定，以培训大纲为准绳组织教学。安全警钟要常鸣，宁让三分不抢一秒，精力集中莫放松，培养安全驾驶员，诲人不倦凝深情。

④对学员的意见和投诉要倾心听取，耐心解释，诚心解决。

(3) 满足需求

①想学员之所想，急学员之所急，用规范的训练内容和优质的服务去满足学员的培训需求。

②对学员提出的各种需求不要轻率地说“不可能”，而要首先想到“不是不可能，而是没有找到解决的办法”。开动脑筋，发挥智慧，尽可能找到解决方案。

(4) 增值服务

①要更有效地服务于学员，针对一些特殊的学车群体，如女性、在校大学生、年龄偏大者、领导等，制定相应的服务措施。

②要为学员提供物有所值的服务，多增加驾驶道德与安全意识的培训内容等，为学员提供多样化的服务。

③在实现学员满意的基础上力求学员感动，为学员提供增值服务。

3. 团队准则

(1) 服从大局

①树立全局观念和大局意识，正确处理好局部与全局、眼前与长远、个人利益与驾校利益之间的关系，做到局部服从全局，眼前服从长远，个人服从集体。

②议则百家争鸣，行则步调一致。

③居安思危则进，小富即安则退。

(2) 真诚沟通

①乐于倾听学员的想法和建议。

②要以对驾校和工作负责的态度，积极献言献策。

(3) 相互理解

①尊重学员的人格尊严和隐私，尊重他人的职责权限和工作风格，学会欣赏别人的优点，不要一味指责或埋怨别人。

②以共赢的心态去考虑分歧，站在对

方的立场上进行换位思考，坚持“对事不对人”的原则，以公心论事做事，通过相互理解，达成共识。

（4）主动配合

①同事之间及各部门之间保持友好协作关系，不搞各自为政，设置壁垒。

②互通有无，优势互补，建立信息和资源共享机制，不断增强团队意识和凝聚力。

③对于暂时不是很明确的职责，不要简单地说“不关我的事”，即使自己不清楚，也要尽可能提供帮助。

4. 创新准则

（1）主动学习

①自觉培养终身学习的意识和能力，提倡在工作中学习，在学习中工作。

②要采取主动学习的态度，向书本知识和向他人学习，向实践学习，珍惜驾校提供的每一次培训和学习机会，不断提高素质，适应驾校的发展。

③要理论联系实际，把学到的知识与技能充分运用到工作之中。

（2）持续改善

①不墨守成规，积极寻找训练和服务活动中改进的机会，不断创新。

②在竞争中寻找不足，积极变革，持续改善，不断提高训练质量和服务水平。

（3）精益求精

①对待工作始终要坚持高标准、严要求，力求更加出色地做好每一个环节。

②自觉维护驾校的信誉和品牌，通过自身的努力增加品牌的含金量，提升品牌的美誉度。

（4）超越自我

①学会改变固有的思维方式，常常换位思考，多角度地去看问题。

②树立积极健康的人生价值观，建立崇高的愿景，主动地去迎接挑战，不断反省和完善自我，不断超越自我。

5. 制度准则

（1）严守制度

①严格遵守驾校制定的各项规章制度。

②积极维护驾校的尊严，违反制度后自觉接受给予的惩处。

（2）按章办事

①坚持在制度面前人人平等，认真按工作程序、规范和制度办事，公道正派，不徇私情，不搞特殊化。

②严格遵守交通法规及国家有关驾驶培训的各项规定，安全礼让，遵章守纪又懂法。

（3）履行职责

①忠于职守、勤奋工作、有强烈的责任心和使命感，热爱本职工作、忠实履行职责，讲求工作质量和服务态度。

②不擅离工作岗位，不玩忽职守、出工不出力。

（4）服从指挥

①正确理解和执行上级制定的规章制度，服从驾校领导的工作安排，及时完成工作任务。

②遇突发事故要及时报告，服从驾校统一指挥，不借故推诿。

6. 品行准则

(1) 举止端庄

①举止大方得体，不卑不亢。

②站立、坐姿保持端庄、舒适、自然的形象。

③工作时间始终保持充沛的精力和饱满的情绪。

(2) 仪表整洁

①保持整洁大方的工作形象，保持衣冠整洁，按规定着装和佩戴胸卡。

②男员工不蓄长须、不留长发、头发必须梳理整齐。

③女员工可适当化淡妆，严禁浓妆艳抹。

(3) 语言文明

①使用敬语，做到“请”字开头、“谢”字不离口，不讲伤害别人人格尊严的话，不讲粗言秽语，提倡用语规范化。

②在工作时间要提倡讲普通话。

共创文化　同铸辉煌

驾校文化

驾校文化是驾校办学经验的结晶，是驾校的精髓，更是驾校理念的一种升华，对一个驾校的长远发展和生存，起着十分重要的作用。驾校文化表现为内在和外表两个方面，内在的本质的东西是责任、目的、理念和意识，外在的是经营、教学、服务、宣传、氛围和环境等。塑造一个集社会责任、办学理念、依法经营、规范教学、优质服务、学习氛围、安全宣传、校园环境为一体的优秀驾校文化，让每一个学员在驾校中都能享受到优秀驾校文化带来的温馨、愉悦和满足，是我国驾校文化建设的发展方向。

一、驾校文化的内涵和内容

驾校文化是一个系统工程，是“理念”与“实践”的统一，是驾校信奉并付诸实践的价值理念。在具体实践中，优秀的驾校文化应在驾校核心价值理念的基础上，明确提出驾校的使命、愿景和核心价值观。

驾校的使命、愿景和核心价值观，是驾校文化建设的核心。使命、愿景是核心价值观在驾校发展领域的价值追求的具体体现，是核心价值观在驾校活动中的承载和表现。在驾校核心价值理念基础上的经营理念、人本管理、行为规范和企业形象等是驾校文化建设的重要组成部分。

1 驾校使命

驾校使命就是驾校存在的目的、价值、意义及经营目的，其实质就是驾校担当的社会责任。德鲁克说：“使命是一个组织存在的理由，是一个组织与别的组织区别开来的内在标志。明确的使命会使组织更成功。”因此，没有使命的组织是不会成功的，没有社会责任感和使命的驾校同样是短命的。

在现代经济社会条件下，每个人在生活中最深层次的需要，是意义和目的。真正快乐的人，必然是那些寻找到生命意义的人。工作是人生意义之所在，组织则是实现人生意义与价值的场所，使命是组织和其成员生存的核心。作为有生命力的驾校，需要有社会责任感，树立自己的使命。如果一个驾校没有使命，就意味着办驾校只是为了赚钱，既然只是为了赚钱，那就会唯利是图、见利忘义，这样的驾校根本不可能做强做大。

树立驾校使命不是一种形式，更不是一句口号，而应该是一种思想的凝练。这种凝练要有一定的境界和责任，要从构建安全驾驶的第一道防线等方面加以提炼，让更多的人学会安全驾驶，让驾校成为培训安全驾驶、文明行车的合格驾驶员的摇篮。

2 驾校愿景

驾校愿景是驾校的长期愿望以及未来状况和发展蓝图，体现了驾校永恒的追求，是驾校发展愿望与驾校长期目标相结合的一种情景表述，也称其为宗旨。驾校要从发展前途、在行业中的独特优势、领导者的个人能力、员工的潜在能力等方面，提炼一个有着活生生内容的、充实的、能够让员工看得见、摸得着的驾校发展愿景，就能增强驾校的凝聚力，提高员工的忠诚度，充分调动员工的积极性，实现驾校存在的价值和意义。

驾校需要描绘出一幅美好的愿景，让每一个员工都对未来充满希望，将个人发展目标和驾校的目标结合在一起，让愿景变成员工的坚定信仰，那么这种凝聚力、战斗力就是无坚不摧的。一个驾校不论现在多好，如果没有发展前景，员工看不到未来，就没有吸引力。如果驾校给人明天就要破产的感觉，那么无论是谁都不可能在这里安心工作的，更何谈将个人发展目标和驾校的目标结合起来了。

建设驾校文化确立了使命，就必须描绘愿景，这是建设驾校文化的基础。没有愿景就没有希望，就看不到未来，一切理念、思想就都是空洞的，起不到任何作用。有愿景，才有希望；有希望，人们才会充满干劲。

3 驾校核心价值观

驾校的价值观是解决驾校在发展中如何处理内外矛盾的一系列准则，是驾校员工对事物评判的标准。核心价值观是驾校诸多价值观中最根本的价值观，是统领其他价值观的深层价值观，具体表现为驾校理念的“秩序”。核心价值观是形成使命、愿景的根本动力和精神源泉，是选择使命、愿景的决定因素。因此，驾校必须将自己认为什么对于驾校最有价值、最重要的理念，明确提炼出来，作为驾校行动的指南和准则。

核心价值观是驾校制度的思想基础和制定原则。只有在核心价值观基础上制定的制度，才能成为人的一种生活方式和习惯。驾校的核心价值观应从以下几个方面的内容加以提炼：以人为本、安全第一、诚实守信、团结合作、服务学员、制度至上、不断创新、质量效益、敬业进取。

实践证明，对外诚信、对内和蔼等价值理念是企业谋求长久经营所不可缺少的。在现代社会，追求卓越、尊重个性、顾客至上

等理念又成为不少企业的核心价值观的组成部分。因此，核心价值观是组织调整内外关系、保证不偏离方向的总原则，是驾校完成使命和实现愿景的保证。

二、驾校文化的塑造

驾校文化不是自然而然就形成的，每个驾校都要有自己的文化理念，拿来主义只是暂时的，只有建立起自己的文化才是根深蒂固的。我们不能把驾校文化当成一种完全可以通过自然而然的方式形成起来的价值理念，而是要注重对驾校文化的塑造，建立自己的驾校文化。驾校文化不是口号，而是对口号的理解和认同。驾校文化不是知识，而是对知识的态度。驾校文化不是利润，而是对利润的心态。驾校文化不是品牌，而是品牌的内涵。驾校文化不是管理，而是管理的氛围。驾校文化不是制度，而是通过制度形成的习惯。驾校文化不是舒适的环境，而是员工对环境的感情。驾校文化不是文体活动，而是活动开展的目的。

1 驾校文化制度化

驾校文化制度化包含两层含义。第一层含义是驾校文化必须浸透于制度设计和战略选择中。驾校文化是制度设计和战略选择在员工价值理念上的反映，使员工的价值理念充分地体现在驾校的现实运行过程中，形成一种制度。另外一层含义是驾校文化作为驾校倡导的价值理念，必须通过制度的方式让员工接受驾校文化、融于驾校文化，使驾校文化作为员工在思想上的制度而存在。

2 驾校文化实践化

驾校文化实践化，是指驾校文化不仅仅是驾校倡导和信奉的价值理念。驾校文化并不是一种空洞的形式，是驾校多年工作经验的结晶，是驾校价值观念的体现和驾校发展的必然产物。驾校文化从性质上属于付诸实践的价值理念，来源于实践，并指导实践，在实践中实现。驾校文化能真正起到约束员工行为、约束驾校运行发展的作用，才是在现实中真正起作用的价值理念。

3 驾校文化教育化

驾校文化教育化，是指要通过灌输的

方式将驾校所信奉和必须实践的价值理念，渗透到员工的头脑中去。建立驾校文化的重要工作是加强驾校内部的培训，不仅要对员工进行业务培训，而更重要的是对驾校文化的培训，用驾校文化去整合、占领员工的思想，让所有员工认可驾校的文化，并用这种文化在实际工作中指导自己的行为。

4 驾校文化奖罚化

驾校文化奖罚化，是指遵守驾校文化的员工会受到奖励，而违背驾校文化的员工会受到惩罚。通过奖罚的方式使驾校文化真正能够成为全体员工的价值理念。从现实状况看，不采取奖罚的办法，驾校文化在一定时期内很难真正形成并植于员工头脑中。

5 驾校文化系统化

驾校文化系统化，是指驾校文化必须不断完善。所有驾校在塑造驾校文化过程中，要根据驾校的具体情况，从发展的角度去完善自身的文化，最终形成完善、系统的驾校文化。

三、优秀的驾校文化

驾校文化就是一个驾校生存与发展的理念模式。优秀的驾校文化，是驾校做强、做大的动力源泉。驾校的管理发展分为三个阶段：第一阶段是经验管理阶段，最大的特点是人治，依靠驾校的强势领导来管理驾校；第二阶段是制度管理阶段，最大的特点是法治，依靠制度来管理驾校；第三阶段是文化管理阶段，最大的特点是文治，把驾校文化建设作为驾校管理最重要的方面。正如现在流行一个说法：小驾校看老板，中驾校看制度，大驾校看文化。目前多数驾校处于制度管理与文化管理的中间阶段。

1 驾校文化的建设

驾校文化是驾校的原则、信仰和思想的规范。驾校文化建设是由传统经验型管理向现代人文管理转型的必然要求。驾校文化建设的核心是人，传统管理向现代管理转型的主角也是人。建设驾校文化的过程，是驾校发现自身问题、解决自身问题的过程。过程决定结果，没有好的过程，就不可能有好的结果。

驾校的核心竞争力归根到底体现在人的能力上，体现在广大教练员的教学水平和服务水平上。而人的观念及行为的转变，需要驾校文化来疏导和引导，需要驾校加强宣传自己的驾校价值观，通过日积月累和潜移默化的影响，培养员工乐观向上、具有良好道德风尚和爱岗敬业的精神。对内，统一思想，内强素质；对外，扩大影响，树立形象。文化是一种自然的影响力，这种力量是无比强大的，可以起到润物细无声的作用。

美国管理大师韦尔奇说过：“最成功的公司都追求利润，但他们都为一种核心理念指引，这种理念包括核心价值观和超越只知赚钱的使命感。”驾校作为经济体，赚取利润是本性，但驾校的发展和生存要有一种超越追求利润的核心理念指引，这种核心理念就是驾校文化。驾校文化建设是驾校的灵魂工程，没有完成时，只有进行时，不可能一蹴而就，也不会一劳永逸。

2 驾校文化的实现

平庸的驾校歌舞升平，优秀的驾校强调危机。要让驾校文化落地，就要大力强化危机意识，在逆境中要多谈愿景，在顺境中则要强调危机。对待成就要战战兢兢，如履薄冰。这正是那些从优秀奋进到卓越的企业的精神信念，是一种优秀的企业文化。

从驾校文化与管理制度的关系角度看，驾校文化不等同于管理，但又无法脱离管理。文化最终要讲如何作用于管理，否则就是摆设。文化是制度的灵魂，制度是文化的载体。驾校文化最初往往从制度开始体现，没有制度的保障，文化是空泛的。强迫成习惯，习惯成自然，驾校文化从某种程度上讲就是员工的习惯，而习惯的养成要靠制度。制度是让人达到最低标准，是管理底线，优秀的驾校文化则是让人达到最高标准，是管理的至高境界。

驾校文化的落实需要找一个切入点、引爆点，解决最重要、最紧迫的问题，才能产生一种震撼性的效果，深入人们的内心。当驾校的价值观和原则确立后，关键是要通过决策和行动真正落实到日常工作中去。“领导做表率是关键，榜样的力量是无穷的”，领导要以身作则，实践驾校文化，树立好的榜样，才能促使整个驾校文化的进步和发展。

3 驾校核心经营理念

驾校的经营理念，是驾校对经营活动的目标、目的、原则等问题的思考和界定。任何一个组织都需要一套经营理念。事实证明，一套明确的、始终如一的经营理念，可以在组织中发挥极大的效能。驾校核心经营理念，是驾校文化的重要组成部分。例如某些驾校的经营理念：“君子爱财取之有道；道的三个层次：道道（方法）、道理、道德”；“培养‘一生无事故’的汽车驾驶员。”

事物发展是有规律的，把握基本规律，遵循规律办事，是驾校经营成功的必由之路。理论是将简单问题复杂化，理念则是将复杂问题简单化。把理念总结出来，更容易被人们记住，更容易得到贯彻执行。坚持以原则、理念作为经营管理的基础，也就是坚持采取明明白白、深思熟虑的理性管理。

理念是经验的结晶，是深入思考的结果。驾校在制定核心经营理念时，关键是要提炼出具有驾校自身特色的理念，让员工能

够真正相信能够实现并能自觉遵守，其他驾校经营理念只是对自己理念的参考或补充。如某驾校的核心经营理念“无论是一小步，还是一大步，都要带动行业的进步”。是将IBM的使命“无论是一小步，还是一大步，都要带动人类的进步”。进行了抄袭，缺少特色。

提炼具有自身特色的核心经营理念，必须是具体的、明确的，而不是抽象的。理念的关键不在于辞藻的优美和体面的修饰，更不是一种空洞的口号，而在于能为驾校解决问题，为驾校的长远持续健康发展树立正确的观念，并能实在的规范员工的行为。例如，一些驾校的经营理念与使命、愿景和核心价值观分不清，而且都是千篇一律，如“精心组织、严格要求、保证质量、争创一流”、“质量第一、服务至上、全心全意为学员服务”、“学员就是上帝”、“质量第一、信誉第一、学员第一”、“廉洁施教、热情服务”、“优质施教、廉洁施教、安全施教”、“以学员为本，一切以学员着想、热心服务、廉洁教学”等，这些只能成为驾校墙面上醒目的大标语而已。

理念的提炼要做到简洁、通俗、易懂、易记，凡是复杂的东西都是很难记住，难以执行的。“阳春白雪，曲高和寡”，驾校理念越复杂，越难以让普通人理解和接受，效果就会越差。对于驾校大多数文化程度不高的员工，高深的理念就只能是标榜，起不到实际作用。“下里巴人，和者数千”，简洁、明确、通俗、易懂易记的理念，很容易看懂，便于实现，效果会很明显。水平高的人，能将复杂的事情变得通俗。没有水平的人，喜欢将简单的事情弄得复杂化。经营理念要既雅又俗，雅的是思想，俗的是能被人理解并接受。其实往往最雅的也是最俗的，最俗的也是最雅的，因为雅的文化只有被俗的大众接受并认可，才能发挥最大作用。如“用微笑面对学员”，“用真诚感动学员”，“用爱心服务学员”，“把容易的事认真做好就不容易，把简单的事天天做好就不简单”，“让一个学员选择我们驾校不容易，失去一个学员很简单”，“只有功劳，没有苦劳”，“用做人的准则做事”，“用做事的结果看人”等，核心经营理念不一定是文采飞扬、哲理深邃的，反而往往是一些生活中真实的、朴素的道理。

四、驾校文化的优化实现

对于一个驾校来说，优秀文化是驾校的正能量，是推动驾校发展的不竭动力。有企业文化的驾校才会做出特色，形成品牌。力量雄厚的驾校文化的形成，其核心在于重视为顾客、员工竭诚服务，并强调领导艺术的重要性。

1 抵制驾校劣文化

简陋的场所，不堪的环境，破旧的设施，劣质的教学质量，粗暴的态度，恶俗的言语，请客送礼，吃拿卡要甚至是性骚扰等行业恶习。这是驾校因管理不善所形成的驾校文化，也被称为劣文化，对驾校长期经营来说影响是负面的。当管理中的漏洞长期存在或经营理念产生偏差的情况下，培养了一批非正常获利的利益群体，正是这个不正当的利益群体所控制的驾校思维方式与员工的生存法则使驾校服务学员的价值观扭曲，在长期积累沉淀过程中就形成驾校教练员对学员的“潜规则”等劣文化。

驾校劣文化侵犯了广大学员的根本利益，侵犯了驾校教职员工的利益，也影响了社会公众对驾培行业的观感印象。劣文化一旦形成就会最大限度的影响到管理方式。由于驾校劣文化对于驾校固有的管理模式具有依赖性，改变管理就会遇到原有文化理念的冲突，就可能遇到强大的阻力，成为驾校发展的绊脚石。

任何驾校要想长久的存在下去，必须具备两个必要的条件：一是共同的愿景，二是合作的意愿。两者联系起来就是驾校成员愿意为一致的目标精诚合作。这两个条件相辅相成，互为因果。古人说得好：“上下同欲者胜”。

如果驾校能端正态度，要求驾校从最高层到所有的骨干层、基层员工的全部收入，只能来源于驾校的工资、奖励、绩效、分红及奖金福利，不允许有其他额外的收入。从组织上、制度上，堵住从个人向学员谋私利的渠道，铲除劣文化生存的土壤，就会有效抵制驾校的劣文化。

2 发挥驾校高层的作用

驾校文化在某种意义上是驾校经营者的文化，带有企业家鲜明的痕迹，必须经过包括“一把手”在内的顶层设计。有了驾校股东和校长的全力参与和推动，才能更好地推进。驾校文化变革是一项较为长期而艰巨的工作，在这过程中自然会有这样那样的阻力。发生这种不利情况有时是某次经营上的失败，但人们却将其归咎于驾校文化的改革。有时则是由于驾校文化改革的阻力过大或因为驾校高级管理者力难从愿的结果。凡出现上述情况，取消改革措施就顺理成章，颇受欢迎，致使文化改革会出现中断。

驾校文化的变革会触动部分人的利益，引发一些员工的不满和抵触，驾校文化的变革需要历经时日，考验着管理层的智慧、决心和领导艺术。驾校领导者的理念和领导水平及对驾校文化建设的鼎力支持尤为关键，往往要亲自上阵，强势采取致力于驾校文化改革的各种措施，有时甚至直接负责改革项目，直到那种周而复始的循环扩展状况重新恢复，最终形成良性的发展。

3 驾校文化变革的途径

驾校文化不但要写在员工手册和宣传手册上，还要刻在每个员工的心里，落实在驾校的日常工作和对学员的服务当中。文化的变革有规可循，需要多管齐下，是一个系统的工程，一般而言，可以从以下几方面着手：

1）提炼对驾校文化影响最大的价值观和信息

驾校高层得亲自调研分析。这需要通过与管理层的谈话发现问题，和员工谈话发现问题，和学员调查、谈话发现问题，当然还要考虑驾校所在的地域文化。综合分析之后要做的就是如何去提炼自己的理念系统和行为系统，并且是驾校领导班子都认同、明确的企业愿景，希望达到的目标，员工憧憬的美好蓝图，从而提炼驾校的使命。驾校生存的根本理由、员工进取的精神动力所依据的原则就是确定核心价值观。驾校文化的价值观见表1。

驾校文化的价值观　　表1

企业文化内容	驾校文化的提炼
使命	培养技术过硬、文明安全的合格驾驶员，引领驾培行业发展
愿景	通过努力改变社会对行业的成见，领跑驾培市场，并成为群众满意和最受尊敬的驾校
核心价值观	敬天爱人，学员至上，团队共赢
承诺与行动	快乐学车，让每个学员都满意 一是杜绝吃、拿、卡、要现象；二是严格按教学大纲进行教学；三是提高学员考试的通过率；四是做好接送、餐饮等各种服务；五是保证学员训练时间；六是所有费用均按价目表收取，保证学习过程中不以任何名义增加收费
企业精神	服务、遵章、自律、团结、创新
服务观	教练员为学员服务，干部为员工服务，领导为干部服务

2）通过危机感教育认识驾校文化的重要性

落后的的驾校文化是阻碍驾校发展的重要因素，直接关系到驾校的生存和发展。驾校高层要提高对驾校文化的认识，时时居安思危，并通过各种场合告诉全体员工面临的危机感，让每个员工都能意识到驾校文化对驾校生存的重要性，如果不改变落后的驾校文化和经营理念，不注重职业道德修养，危机时刻都会降临。

3）通过培训提高教练员对驾校文化的认识

通过培训培养教练员符合优秀驾校文化良好的心智模式，训练一种服务学员的良好行为习惯。据心理学家研究证明，连续不间断的重复30次或者不间断的重复做一件事情21天，就能养成良好的行为方式。培训员工不是驾校的负担，相反是给员工的最好福利和投资。通过入职培训、在职培训和帮、传、带，让每一位进入驾校的员工，在工作中能逐渐地被驾校已成形的良好的服务意识和价值观念所熏陶、所感染、所同化。

4）变革驾校组织结构和中高层管理者

驾校的组织层级多，部门设置、职位设计不合理，会不适应优秀文化的推进。校长管着副校长，副校长管着主任，主任管着基层主管，主管管着员工，不利于信息的传递和快速行动，甚至有的几个高层领导管同一个事情，权责不清、相互推诿，工作中缺位或者越位，让基层员工不知所从。要想管理更加高效和形成优秀文化，有必要使驾校组织变得扁平化，人人有事做，事事有人负责，使上下沟通顺利、团结一致，驾校才能得以良性运转。

在变革驾校文化的过程中，管理者的身体力行、表率作用非常关键。高层要有事业心，中层得有上进心。如果有的管理者认识不到位，工作上不配合、消极作为，必须要其“不换观念换位置”、“不换脑袋换屁股”，领导者要选择与新文化相适应的管理层。光有远见卓识，而没有相匹配的管理执行团队，将一事无成。

5）建立健全相应的制度

在制定驾校规章制度的时候，一定要切合实际，要让那些大部分人都能够自觉履行的责任固化为规章制度，而对违规的少数人给予严厉的惩罚；不能任意的拔高标准，将只有少数人能够履行的职责固化为规章制度，这样的规章制度实施起来非常困难，结果只能是制度上写一套，实际行动上另做一套，久而久之，不仅这一规章制度施行不到位，还会对其他规章制度的施行造成极其恶劣的影响，导致驾校中员工行为的异化。驾校管理层必须认识到，“好制度”能让坏人变成好人，“坏制度”会把好人变成坏人。通过建立健全相应制度，堵塞管理漏洞，让驾校每个成员明确认识到做什么会得到奖励，做什么会受到惩罚，使管理起到抑恶扬善的作用。

6）树立典型，奖励文化实践行为

驾校必须让全体员工参与企业文化的建设过程，将代表驾校核心价值观所认同的员工作为典范的执行者，树立榜样。同时要积极鼓励员工参与并反馈情况，形成奖勤罚懒、优胜劣汰的管理机制，引进符合驾校价值观的新人，淘汰对驾校文化构成威胁的员工，通过置换新鲜血液弘扬正气，让驾校的正能量变得更强大。

案例一：

驾校价值的文化理念

驾校文化不是纯粹的文化理念，而是有实用价值的文化理念。不同的驾校有不同的驾校文化，但是驾校文化也有着共同的内容，其核心就是：诚实守信、服务学员、尊重员工、管理科学、保证质量、创造效益、学习创新，为社会培训出安全驾驶、文明行车的驾驶员。具体到实践中，应当建立的价值文化理念有以下内容：

（1）诚信理念：信守承诺、坦诚相待、客观公正、爱岗敬业。

（2）服务理念：关心学员、服务周到、满足需求、增值服务。

（3）团队理念：服从大局、真诚沟通、相互理解、主动配合。

（4）管理理念：事先计划、优化组织、有效激励、安全运行。

（5）创新理念：主动学习、不断创新、精益求精、超越自我。

（6）制度理念：严守制度、按章办事、履行职责、服从指挥。

（7）品行理念：举止端庄、仪表整洁、语言文明、谦虚礼让。

案例二：

教练车肇事后所承担的责任

2010年3月18日，某机动车驾驶员培训有限公司，一辆失控的教练车冲出了练习场，冲倒了围墙，撞上了墙外赶去上学的小学生，一个12岁的花季生命戛然而止。6月22日上午，西湖区法院开庭审理此案，教练员因涉嫌过失致人死亡罪被起诉。虽然出事时是学员开车的，但是检察院依法认为，应该由教练员一人负责，学员免责。本案事故责任认定，主要依据的就是《中华人民共和国道路交通安全法》及《中华人民共和国道路交通安全法实施条例》的规定：在道路上学习机动车驾驶技能应当使用教练车，在教练

员随车指导下进行，与教学无关的人员不得乘坐教练车。学员在学习驾驶中有道路交通安全违法行为或者造成交通事故的，由教练员承担责任。检察官在庭上说："作为教练员，应当预见学员没有驾驶经验，不熟悉车况，单独驾驶练习不能确保安全，负有制止和避免事故发生的义务，但因其疏忽大意而没有预见，没有随车指导，导致悲剧发生，责任在教练员。"法庭没有当庭宣判。但是据了解，事故发生后，教练员所在的驾校已经赔偿死者家属71万元，而教练员个人也赔偿了3.8万元，死者的家属对教练员也做出了谅解。

2010年7月31日西湖区法院做出一审判决，以重大责任事故罪判处教练员有期徒刑一年。对此罪名，该教练员和他的律师并没有异议，完全认罪。

讨论：

为什么说驾校文化必须承担社会责任？

驾校是通过承担社会责任而确立自身的社会角色和价值的。所有成功的企业的共同之处就在于，都是通过高于赢利的企业价值观而赢利的。这种价值观就是在社会结构体系中找准自身的定位，在满足社会需要中获得自身的尊严。

第一，保障道路交通安全的责任。据公安部交管局发布的数据：2009年，全国共发生道路交通事故238351起，造成67759人死亡、275125人受伤，直接财产损失9.1亿元，平均每天185人因交通事故死亡。影响造成交通事故的因素是多方面的。据我们掌握的数据统计,大体上分布为：人为因素占80%、车辆原因占12%，道路与环境因素占8%。近5年来，3年以下驾龄的驾驶员肇事导致死亡的人数占全部机动车驾驶员肇事导致死亡总数的比例，持续保持在30%以上。这些数据值得我们每一位从事驾培行业的同仁认真思考。

造成道路交通事故的因素有：驾驶员、车辆、道路与环境、自然灾害、道路管理等方面，因此，保障道路交通安全是一个需要调动各种社会资源齐抓共管的系统工程。就道路交通事故中比例最大、最为突出的驾驶员方面的因素而言，情况和类型很复杂，不能简单地归于某个单一的原因。但是，驾校今天的学员就是明天道路上的驾驶员，社会要求驾校为学员的生命安全和未来的道路交通秩序承担一份努力、主动担当责任。

现行的《中华人民共和国道路交通安全法》第二十条规定："驾驶培训学校、驾驶培训班应当严格按照国家有关规定，对学员进行道路交通安全法律、法规、驾驶技能的培训，确保培训质量。"对驾校安全教育的社会责任在法律上给予了明确的规定。驾校是驾驶员道路交通安全的第一道防线，社会要求驾校既要培养学员的驾驶技能，又要将安全意识贯穿于培训过程的每一个环节，完成安全意识的养成；既要给学员合法上路的驾驶证，还要给他们平安一生的护身符。这些社会需求构成了驾校存在的根本和经营活动的意义，是驾校文化价值观的最为基本的内容。

第二，法律责任，依法经营，是现代企业必须遵循的基本原则。驾校除需要遵守一般企业经营活动的法律法规外，还承担着其特有的法律责任。与驾校行业密切相关的法律法规有《中华人民共和国道路交通安全法》、《中华人民共和国道路运输条例》等。交通部2005年第2号部令《机动车驾驶员培训管理规定》更是对驾校权利和义务进行明确的界定和规范。

法律法规之所以对驾校进行专门的规范，就在于驾校行业自身的特殊性，就在于驾校的经营活动是影响社会秩序、社会关系的重要因素。所以，法律法规的约束，不仅仅是为了规范行业基本秩序，更重要的是用来调整驾校经营活动带来变化的社会秩序和社会关系。如《机动车驾驶员培训管理规定》第六章中，详细规定了驾校在从事机动车驾驶员培训业务中的违规行为及所承担的法律责任。

法律法规对驾校经营行为提出了强制性的底线要求，驾校文化建设中应主动承担相应的责任。所谓“主动”：首先是认真学习熟知相关法律法规；其次是经常性地结合工作中的具体问题和典型案例分析，使规范逐步成为一种习惯；最后，使强制规范成为内在自主要求，使法律规范成为道德自律。唯有这样，驾校才能更好地担当维护社会秩序、和谐社会关系的法律责任。

第三，经济责任，驾校是作为一个经济实体而存在的。根据《机动车驾驶培训机构资格条件》（JT/T433）相关条款的规定，驾校不仅要具有独立企业法人资格，而且还要有车辆、场地、设施、设备等，还要有高素质的教练员、管理人员等。这些资金、资源的投入，理应获得回报。

我们在这里谈驾校的经济责任，是基于这样一个事实：社会财富是靠不同的、具体的经济实体来掌握的，任何形式的财富都是社会财富的一部分。驾校作为一个经济组织在社会经济活动中具有自身的价值。一是依法纳税，回馈社会；二是要回报投资者，要对投资者回报利润；三是要回报员工，为员工创造发展空间，提升员工的价值，提高员工工作生活质量。

怎样的员工才算好员工？

上班不迟到、不早退，每天忙忙碌碌、早出晚归，是不是就算好员工？不一定！真正的好员工要在工作中积极主动。所谓积极主动，也就是积极主动的发现问题，积极主动的思考问题，积极主动的解决问题。真正的好员工不是被动地应付工作，给多少报酬，就做多少事，员工的最高境界就是将工作当成自己的事来做。也就是常说的：领导在和领导不在一个样，其实质是一种内在的约束。

驾驶培训的各个环节，都是教练员在相对独立的环境中实现的。对于教练员来说，遵守规章制度只是教学过程的最低要求。也就是说，完全符合规章制度的课，很可能不是一堂好课。所以有句口头禅：教书是良心

活儿。高度的责任感和良好的自律性，是优秀教练员的基本品质。而这种优良品质的思想根源就是教练员的思想观念。在不断地改革管理方式和管理制度的同时，如果人的观念没有改变，那么，一切都没有效果。如果驾校文化把“优质的服务正是你有较高素质的反映”的观念真正渗透到教练员心中，教练员才会乐于为学员服务，才会发自内心的尽心尽力的做好服务。

驾校文化的育人作用

企业管理过程中最直接面对的是规范、约束员工的行为，使之有效的符合企业需要。事实上，人的行为是态度等心理因素的现实反应，背后起决定作用的是人们的价值观。具体到企业行为而言，起决定作用的是企业文化。优秀的企业文化可以支持制度建设过程中明确组织内个人的职责和权力，促进组织的有效运行，形成内部良好的氛围。

与所有企业一样，驾校在经营管理过程中同样要面临和解决人的问题。驾校具有企业和学校的双重属性，所以，在“人”的问题上具有与一般企业不同的意义。假如一个驾校有30个人，有26个人工作不认真，得过且过，那么另外4个工作认真的人，慢慢就会有3个人变得不认真，另一个变不了的，就只能选择离开。反之亦然。30个人的驾校，有26个人工作认真，那么剩下4个工作不认真的人，可能就会有3个人变得认真，另一个无法改变的，就会待不下去，被迫离开。驾驶学习不仅是技能的学习，更重要的是安全意识的养成，担当宣传交通安全的社会责任。驾校既是经营者又是教育主体；经营和教育过程靠员工特别是教练员来完成，通过驾校文化营造良好环境和氛围，来影响人、培育人，也是驾校优质管理的最好措施。

如何理解驾校的利益最大化

赢利是驾校的目的，追求利润最大化目标也无可厚非。关键在于如何理解“利润最大化”。“利润最大化”不是短期行为。短期行为可能在一段时间内能有丰厚的回报，但不会长久。在一定周期内计算，短期行为的利润一定是低于正常经营的。在现实中，部分驾校不是靠提高服务质量与培训质量争取生源，而是靠降低培训收费标准争取生源。驾驶培训是有成本的，假若收费标准低于应培训项目的成本支出，要么靠培训偷工减料降低成本，要么是亏本经营。只有从社会责任来理解自身的经济活动，从整体上、从持久性来考虑经营方式和策略，才能实现所谓的“利润最大化”。

成功驾校校长谈驾校文化建设

知识经济的今天，竞争无处不在，驾校间的竞争已经升级到了比智力、比活力、比潜力、比魅力的新阶段。驾校的“文化建设”日益得到重视，各驾校经营者越来越清醒地认识到，优秀的驾校文化将是一个驾

校成功的关键要素。多年来，我们驾校在大力提高经济效益和市场占有率的同时，一直致力于驾校文化建设的探索。虽然我们以前没有进行过理论上的系统总结，但我们一直努力在做驾校文化建设的创建工作，比如提出并实践“让每位学员都满意”，“朋友式的教学关系”、“每天保持好心情”、“服务五项承诺”、“不吸学员一支烟”“教学十二不准”等。随着新校区的搬迁和训练设施设备的不断改善，我们应该重新审视一下我们驾校自己的文化建设，梳理我们驾校的远景规划、发展目标和服务理念，强化我们自己具有的驾校特色文化和价值观，从而为实现驾校由传统经验型管理向现代人文型管理的根本转变。

我们驾校文化建设的总体目标应该是：“以提高核心竞争力为切入点，虚心向全国先进驾校学习，坚持创新引领，树地区标杆性驾校，实现驾校由传统经验型管理向现代人文型管理转型”的总体目标，牢固树立“服务第一、让每位学员都满意”的价值观，打造以“让每位学员都满意”为核心内容的驾校特色文化，创建良好的服务型驾校形象，推动校级领导决策力、管理团队执行力、基层员工学习力的提高，最终实现驾校核心竞争力的提升。

驾校有没有必要搞文化建设，或者说，驾校搞文化建设条件成熟了吗？通过出去参观学习其他兄弟驾校，我们的感悟是，在驾驶培训企业内开展文化建设已经有成功的经验，在我校各种硬件设施全面提升的情况下，开展驾校文化建设，是驾校发展历史的必然选择，也是现实的迫切要求。

首先，从发展历史看，我们驾校经过15年的发展，经过我们全校干部、员工的共同努力，我们驾校的规模“大”了，员工素质“高”了，知名度“有”了，管理制度“全”了，驾校形象“好”了，驾校已经基本实现了从人管人到制度管人的过渡，正处于以制度管人到文化管人的过渡阶段，这种跨越我们认为是驾校发展中的一次质的提升，是历史的必然选择。

其次，从当前的现实情况看，驾校文化建设是由传统经验型管理向现代人文管理转型的必然要求。驾校文化建设的核心是人，传统向现代转型的主角也是人。驾校的核心竞争力归根到底体现在人的能力上，体现在广大教练员的教学水平和服务水平上。与驾培行业发展一样，我们驾校正处于由高速发展（2002年～2006年）向平稳发展的转变，增长方式由外延扩张（收购驾校、建设驾校新校区）向内涵增长转变，管理模式由粗放型（学员由教练员安排管理，一车多人）向精细型（预约计时、一人一车、服务大厅一站式服务等）转变，发展趋势将由市场导向型（价格控制招生）向能力导向型（强调服务及品牌）转变的关键时期。适应这种变化，不断提高员工人文素质和服务能力，是我们驾校由传统向现代转型的需要。而人的观念及行为的转变，需要驾校文化来疏导和引导，需要驾校大张旗鼓的宣传自己的核心价值观，通过日积月累和潜移默化的影响，培养员工乐观向上、具有良好道德风尚和爱岗敬业的精神。

再次，从驾培市场未来的变化看，驾校文化建设是我们驾校应对未来挑战的有效手段。目前全市驾培市场的生态环境告诉我们，我们作为民营性质的驾校，在未来若干

年里将面对复杂莫测的挑战，比如隶属关系的不对等（相对于某些官办驾校），场地规模的限制（相对于某些老国企驾校）等。竞争压力越来越大，学员服务需求不断提高，员工观念老化……。为了应对各种各样的挑战，我们需要通过开展扎实有效的驾校文化建设，来进一步转变观念，更新思维，强化驾校价值观的认知和认同，提高驾校自身的内在功力。进而提高驾校把握形势、应对当前经济危机、增强抗风险能力。我们永恒的价值观——核心价值观：诚信经营，清廉执教。我们的愿景：创一流驾校，做行业先锋，打造本市大学式的驾驶员培训学校。核心理念：让每位学员都满意。

从去年起，我们在驾校内部全面推行“教练员服务学员、后勤处服务训练处、上级服务下级、领导服务员工”的全员服务理念，切实转变工作作风，改善服务质量。我们在每一位员工生日的时候送上生日蛋糕，逢年过节学校发送年货表示对员工的关怀，人与人之间的关系日益融洽，员工对驾校的归属感越来越强。对外，我们关爱社会弱势群体，每年开展“慈善一日捐”等活动，支持残疾人康复事业，在四川汶川地震中我校共捐款9万多元，树立起一个负责任的驾校形象。由此，营造了人与驾校、人与社会的和谐氛围。与此同时，我们的服务文化也日渐丰富，我们的预约和报名电话全面规范，从搬迁新校区开始，我们启用了新的服务平台962008，我们的服装全面统一，展现了良好的精神面貌；我们的教练车前欢迎仪式独具特色，一年四季365天的课时段车前站立和站立时学校播放的优美音乐等成为驾校一道亮丽的风景；我们办有自己的驾校刊物——《和谐驾校》，将驾校形象和工作动态及时传递、广为宣传……正是在这种春风化雨、润物无声般的管理中，我们实践着“让每位学员都满意”的价值观念，我们驾校文化的内涵越来越丰富。

企业文化建设是企业的灵魂工程，它没有完成时，只有进行时，不可能一蹴而就，更不会一劳永逸。对于我们驾校来说，我们必须强化以“让每位学员都满意、清廉执教、诚信经营和文明服务”为主要内涵的企业价值观宣传，不断充实和丰富驾校的文化体系。“千里之行，始于足下”，我们将牢固树立和始终坚持“让每位学员都满意”的服务价值观，立足当前，面向未来，把企业文化建设提到应有的高度，永葆驾校健康、可持续发展！